ici 2

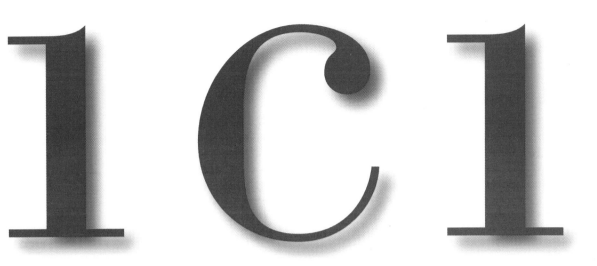

Méthode de français

D.ABRY
Y.DAÂS
C.FERT
H.DESCHAMPS
F.RICHAUD
C.SPERANDIO

CLE
INTERNATIONAL

www.cle-inter.com

Présentation

Une méthode en alternance

Ici 2 est une méthode destinée aux publics adultes et grands adolescents de niveau faux débutant (niveau découverte) de toutes nationalités qui apprennent le français **dans un environnement francophone**. C'est ce cadre particulier d'apprentissage qui fait l'originalité de cette méthode. Celle-ci repose en effet sur la combinaison **d'un apprentissage en classe et d'un apprentissage hors de la classe** au contact de situations et de locuteurs français ou francophones. Les activités extérieures à la classe occupent une place à part entière et constituent des séquences de travail au même titre que les activités se déroulant dans la classe.

Cette alternance permet de se placer dans une approche communicative avec une perspective **actionnelle et interculturelle**.

La méthode vise l'acquisition de savoir-faire communicatifs, de savoirs linguistiques et culturels définis dans le Cadre européen de référence. Il prépare à la certification du niveau élémentaire A2 (niveau intermédiaire ou de survie).

Ici est construite sur la découverte progressive de la langue et de la culture environnante du cadre de vie des apprenants **en milieu francophone**, à travers six dossiers thématiques : la famille, les études et le travail, les sentiments, l'environnement, la consommation, la technologie.

Les activités d'apprentissage se déroulent en trois phases :

A. l'apprentissage guidé, en classe, avec *le livre de l'élève* et *le cahier d'exercices* ;

B. les activités de découvertes culturelles dans le milieu francophone, hors de la classe, guidées par le fichier « Découvertes » ;

C. le retour d'enquête et la mise en commun, en classe, des informations recueillies et des connaissances acquises.

Il existe également une **version internationale du fichier « Découvertes »**, pour le contexte international, adapté aux situations dans lesquelles le français n'est pas la langue de communication. La démarche reste la même : réaliser des enquêtes pour partir à la découverte d'informations nouvelles hors de la classe. Pour tenir compte de la diversité des contextes, les enquêtes se réalisent sous deux formes alternatives et complémentaires : l'élève recherche et utilise les ressources francophones hors de la classe et sur Internet et/ou il explore, dans sa langue maternelle, son environnement et rapporte les informations recueillies en français dans la classe.

Nous remercions les étudiants des cours du Centre Universitaire d'Études Françaises de l'Université Stendhal de Grenoble 3, ceux du Centre International d'Études Françaises de l'Université Lyon 2 pour avoir accepté d'expérimenter la méthode ICI avec beaucoup d'enthousiasme.

Légende des renvois

➤ **PG** Précis Grammatical à la fin du livre de l'élève (les numéros correspondent aux chapitres)

Activité CE Activité dans le cahier d'exercices

Tâche FD Tâche dans le fichier « Découvertes »

Direction éditoriale : Michèle Grandmangin-Vainseine
Édition : Virginie Poitrasson
Conception graphique/maquette : ICI Design
Mise en pages : Laure Gros

Iconographie : Clémence Zagorski
Photographie : Jean-Pierre Degas
Illustrations : Eugène Collilieux
Cartographie : Graffito/ Jean-Pierre Crivellari/ Cyril Duballet
Couverture : Graphir Design

Mode d'emploi

A] Livre de l'élève (en classe)

La réalisation des activités de compréhension et de production orales et écrites implique des interactions fréquentes entre les apprenants sous forme d'échanges d'informations, de concertation et de réflexion. Ces interactions s'effectuent en binômes, en petits groupes et en grand groupe. Chaque unité du livre de l'élève est constituée de cinq parties représentant une progression vers une pratique de la langue de plus en plus autonome.

1. découvrir (2 pages)

L'apprenant découvre le thème de l'unité à travers une activité d'observation, d'écoute, de description ou de repérage.

2. analyser et pratiquer (6 pages)

L'apprenant acquiert une compétence langagière. À partir de discours oraux et écrits, il réfléchit sur le système grammatical et en déduit les règles. Il découvre le lexique en relation avec le thème de l'unité et le réemploie lors d'activités variées de compréhension et d'expression. À partir d'exercices d'audition (discrimination auditive) et de prononciation (répétition de sons et d'intonations) l'apprenant s'approprie le système phonologique du français tout en étudiant la relation phonie/graphie.

3. communiquer (2 pages)

Les activités d'expression orale, liées à la thématique de chaque unité, se présentent sous différentes formes : la mise en scène à travers des canevas de jeux de rôles, des présentations, des échanges et des débats à partir de photos, d'objets, de documents de presse, de statistiques, de textes littéraires, de proverbes ou de citations.

4. vivre en français (2 pages)

Cette partie met l'accent sur des faits culturels, des représentations et des modes de vie dans le monde français et francophone, autour desquels se construisent des commentaires et des comparaisons selon les différents pays représentés dans la classe.

5. à lire à dire (2 pages)

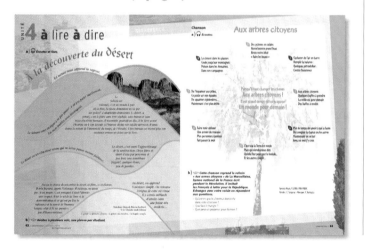

Les apprenants découvrent des chansons et des textes appartenant à la littérature française et francophone qu'ils mettent en voix ou en scène. Ils peuvent les écouter à loisir et s'imprégner de la musicalité de la langue française puisque ces textes sont enregistrés sur le CD audio qui accompagne le livre de l'élève.

6. bilan (1 page, 2 pour l'unité 6)

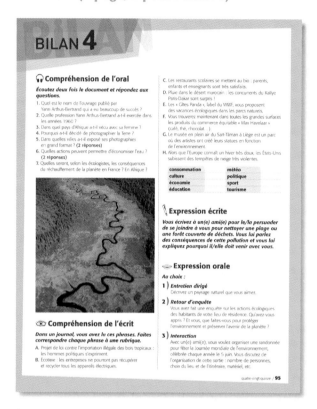

À l'issue des cinq premières unités, une évaluation dans les quatre compétences permet à l'apprenant de récapituler ses acquis. À la fin de la sixième unité, un entraînement aux épreuves types du DELF A2 est proposé.

B] Cahier d'exercices (à la maison)

Des exercices d'entraînement reprennent systématiquement le contenu grammatical, phonétique et lexical de chaque unité. Le corrigé en classe de ces exercices permet à l'enseignant de vérifier les savoirs et savoir-faire. Les apprenants peuvent aussi vérifier leurs exercices à l'aide des corrigés qui se trouvent à la fin du cahier.

D'autres exercices entraînent les apprenants à la compréhension orale et écrite, globale et sélective. Avec le CD à la fin du cahier, les apprenants peuvent travailler au rythme qui leur convient.

C] Fichier « Découvertes » (dans le milieu environnant)

L'apprentissage en classe se fait en alternance avec des *tâches de découverte* du milieu environnant. Celles-ci constituent à la fois une mise en œuvre des acquis de la classe, et un apport culturel et linguistique qui vient enrichir les contenus du manuel.

Les tâches et enquêtes langagières, thématiquement reliées à chaque dossier du livre de l'élève, vont de l'observation simple aux interactions de plus en plus libres avec des locuteurs natifs. Il est par exemple demandé aux apprenants, dans l'unité 4 :

- de se promener dans la ville où ils étudient et d'**observer** les différents immeubles, parcs et espaces verts et de **comparer** avec la ville d'où ils viennent ;
- d'**interroger** une personne sur son comportement face au tri des déchets ;
- de **discuter** avec une personne sur les moyens de transport utilisés pour son travail, ses courses et ses loisirs.

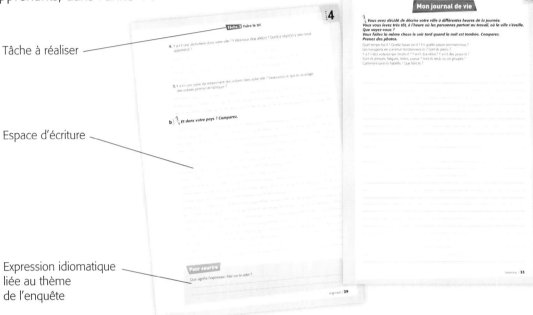

Tâche à réaliser

Espace d'écriture

Expression idiomatique liée au thème de l'enquête

À la fin de l'unité, l'apprenant rédige en français **un journal de vie** qui constitue un carnet de route de son vécu au quotidien, ses rencontres, ses difficultés et ses petits bonheurs…

D] Retour d'enquêtes (en classe)

Les tâches de découverte sont suivies d'une mise en commun dans la classe au cours de laquelle les apprenants échangent autour de leurs expériences respectives, rendent compte des informations recueillies, montrent des objets-témoins, témoignent de leur ressenti personnel, recensent les nouveaux outils linguistiques rencontrés. Cette partie de l'apprentissage constitue l'apport personnel des apprenants aux contenus de la méthode. Les retours d'expérience contiennent donc une part d'imprévu qui sera source d'enrichissement selon les lieux découverts, les gens rencontrés, en bref selon l'*Ici* de chaque groupe.

À la fin du livre, vous trouverez :

- **un lexique créatif :** pour chaque unité, une trentaine de termes sont sélectionnés en fonction de leur fréquence, leur construction, leur possibilité de collocation. Pour chacun de ses termes, l'apprenant peut écrire des phrases, trouver des synonymes ou des antonymes, constituer des listes thématiques…

- **un portfolio A2 :** l'apprenant fait le bilan de ses capacités langagières et récapitule les savoirs et savoir-faire socioculturels acquis en classe et hors de la classe.
- **des outils complémentaires :** précis grammatical, tableau de conjugaisons, précis de phonétique-graphie, transcriptions des documents oraux, corrigés des exercices.
- **un tableau des contenus.**

Ce matériel pédagogique est prévu pour 100 à 120 heures d'activités en classe pour une période moyenne de 6 à 10 semaines. Il est composé :
- d'un livre de l'élève + CD audio
- de deux CD audio pour la classe
- d'un cahier d'exercices + CD audio et un fichier « Découvertes » **(version pour la France ou les pays francophones ou version internationale)**
- d'un guide pédagogique.

à la découverte
du **groupe**

Vous choisissez dans la classe une personne que vous ne connaissez pas.
Vous lui posez les questions suivantes. Présentez-la ensuite au groupe

1) La classe

– Comment tu t'appelles/vous vous appelez ?
– Tu viens/vous venez de quel pays ?
– Tu parles/vous parlez plusieurs langues ? Lesquelles ?
– Tu connais/vous connaissez quelqu'un dans la classe ?

2) La rue

– Tu habites/vous habitez quel quartier ? Dans quelle rue ?
– Tu habites/vous habitez là depuis longtemps ?
– Combien de temps tu mets/vous mettez pour venir en cours ?

3) Les commerces

– Tu fais/vous faites les courses où ?
– Quel est ton/votre repas préféré ?
– Tu connais/vous connaissez un café sympa ?

4) La vie quotidienne

– Tu loges/vous logez où ? Dans une résidence ? Dans une famille ? Dans un appartement ?
– Quel est ton/votre emploi du temps ?

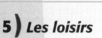

5) Les loisirs

– Qu'est-ce que tu aimes/vous aimez faire le week-end ?
– Tu fais/vous faites du sport ? Si oui, le(s)quel(s) ?
– Quel(le)s sont tes/vos passions, tes/vos loisirs ?

6) La fête

– Quelle est ta/votre fête préférée dans ton/votre pays ?
– Tu connais/vous connaissez des fêtes ici ?
– « Faire la fête », c'est quoi pour toi/vous ?

7) *Lieux de pays francophones*

- Aimes-tu/aimez-vous voyager ?
- Tu préfères/vous préférez la montagne ou la mer ? Le chaud ou le froid ?
- Tu as/vous avez déjà été dans le désert ?
- Qu'est-ce ce que tu aimes/vous aimez faire en ville ?

A

B

C

D

8) *Objets de pays francophones*

E

F

- Tu es/vous êtes gourmand(e) ?

- Tu es/vous êtes ponctuel(le) ?

G

H

- Tu/vous préférez le salé ?

- Tu/vous préférez le sucré ?

à la découverte
de la **famille**

découvrir

1] Les différentes familles

a) 👁 *Observez ces photos et décrivez-les.*

A

C

B

b) Associez une photo à une définition. Trouvez le type de famille correspondant.

A	un homme ou une femme d'origine étrangère ou de couleur différente	Couple mixte
B	un homme ou une femme + enfant(s)	Couple sans enfant
C	un homme et une femme + enfant(s)	Famille homoparentale
D	un homme avec enfant(s) + une femme avec enfant(s) + enfant(s) des deux	Famille monoparentale
E	deux hommes ou deux femmes + enfant(s)	Famille recomposée
F	un homme + une femme	Famille traditionnelle

c) Écoutez la conversation entre Maxime et Quentin. Associez chaque partie à une photo.

Partie	1	2	3	4	5	6
Photo	A					

Activité CE7   Tâche FD3

analyser et **p**ratiquer

2] Rêves de jeunes filles

a)  *Observez ces photos et lisez les rêves de ces trois jeunes filles.*

– Henriette, dans les années 30

Je me marierai jeune, à la mairie et à l'église. J'inviterai toute ma famille et mes amis. Je mettrai une belle robe blanche avec un long voile. Je ne travaillerai pas, je resterai à la maison pour m'occuper de mes quatre enfants. C'est important pour moi de les voir grandir et de passer du temps avec eux.

– Catherine, dans les années 60

Moi, c'est sûr, je travaillerai. Je gagnerai mon propre argent. J'ouvrirai un compte à la banque à mon nom. Je vivrai en union libre avec mon compagnon. J'espère que nous voyagerons beaucoup dans le monde entier et après, nous aurons des enfants, sûrement trois.

– Caroline, dans les années 90

J'étudierai dans une grande école ou à l'université. J'apprendrai au moins deux langues étrangères. C'est nécessaire aujourd'hui avec l'Europe. Après, avec mes diplômes, je chercherai un poste à responsabilités dans une entreprise internationale. Pour moi, la carrière c'est très important ! Je trouverai d'abord une bonne situation et ensuite, je me marierai et j'aimerais avoir deux enfants.

Henriette

Catherine

b) 🗨 *Répondez aux questions.*

1. De quelle situation familiale rêvent-elles ?
2. Combien d'enfants veulent-elles ?
3. Vont-elles faire des études ?
4. Vont-elles travailler ?

c) ✎ *Complétez le tableau. Relevez les verbes du texte et notez l'infinitif.*

Verbe au futur	Infinitif	Verbe au futur	Infinitif
Je me marierai	se marier		
Je mettrai	mettre		

d) ✎ *Comment se forme le futur ? Sur quel radical ?*

Caroline

e) 🎧 *Écoutez et barrez le « e » que vous n'entendez pas dans ces verbes au futur.*

Exemple : Je me marierai.

J'inviterai – Je travaillerai – Je resterai – Je gagnerai – Nous voyagerons – J'étudierai – Je chercherai – Je trouverai.

 ▶ PG 8 Activité CE1

3] Poème

a) Lisez.

Je le rencontrerai.
Tu la regarderas.
Il s'approchera.
Elle rougira.

Nous nous prendrons la main.
Vous vous embrasserez.
Ils se marieront.
Ils auront beaucoup d'enfants.

b) Continuez le poème avec les verbes suivants : s'ennuyer, partir, voyager, réfléchir, se séparer, divorcer.

Dix ans plus tard, je

4] Quel cadeau ?

a) Observez ces deux publicités.

b) Pour quelle fête l'hypermarché Auchan fait-il de la publicité ? Pourquoi y a-t-il deux publicités ?

c) Et vous, pour cette occasion, qu'offrirez-vous et à qui ?   Activité CE2

Futur

La personne qui parle est sûre que l'action se réalisera dans le futur.

Formation régulière

Infinitif + terminaisons du verbe *avoir* au présent

Parler	*Regarder*
Je parlerai	Je regarderai
Tu parleras	Tu regarderas
Il/elle/on parlera	Il/elle regardera
Ils/elles parleront	Ils/elles regarderont
Nous parlerons	Nous regarderons
Vous parlerez	Vous regarderez

Formation irrégulière

Aller ➡ j'irai
Envoyer ➡ j'enverrai

Venir ➡ je viendrai
Tenir ➡ je tiendrai
Mourir ➡ je mourrai
Courir ➡ je courrai

Faire ➡ je ferai

Être ➡ je serai

Avoir ➡ j'aurai
Savoir ➡ je saurai
Devoir ➡ je devrai
Voir ➡ je verrai
Pouvoir ➡ je pourrai
Vouloir ➡ je voudrai
Recevoir ➡ je recevrai
Pleuvoir ➡ il pleuvra

Attention pour les verbes en ayer/oyer/uyer :

y ➡ i

S'ennuyer ➡ je m'ennuierai

5] Donner son opinion

a) 👁 *Lisez ces phrases et soulignez les expressions d'opinion.*

1- Selon moi, c'est important de vivre ensemble avant de se marier.

2- Je crois que les enfants vivent trop longtemps chez leurs parents.

3- À mon avis, le PACS est une bonne chose.

4- Je pense que les femmes font des enfants trop tard.

8- J'ai l'impression que la famille recomposée, c'est normal aujourd'hui.

5- D'après moi, avoir deux enfants, c'est bien.

7- Moi, je suis contre le mariage.

6- Je trouve qu'avant de faire un enfant, il faut se marier.

b) ✒ *Attribuez chaque phrase à une seule personne et comparez vos réponses.*

A : un médecin
B : un religieux
C : un(e) homosexuel(le)
D : un enfant qui vit dans une famille recomposée
E : un père ou une mère
F : une personne divorcée
G : un(e) sociologue
H : une personne âgée

c) 👄 *Quelle phrase pourriez-vous dire ? Pourquoi ?*

d) 🎧 *Écoutez et comparez les deux intonations : l'une montre la certitude, l'autre l'hésitation ou la nuance. Notez les mots ajoutés.*

phrases	certitude	hésitation/nuance
1	absolument	plutôt
2		
3		
4		

e) 👄 *Réécoutez les phrases et répétez-les.*

Activité CE 10

6] Vacances en famille

a) 👁 *À l'aide du logo et des photos, imaginez ce que signifie VVF.*

b) 🎧 *Écoutez. Quelle est la signification de VVF ?*

c) ✏ *Répondez par vrai ou faux.*

1. Les VVF se trouvent seulement en France. ☐ V ☐ F
2. Les VVF existent depuis peu de temps. ☐ V ☐ F
3. Les VVF accueillent des personnes de tous les âges. ☐ V ☐ F
4. Toutes les activités doivent se faire en famille. ☐ V ☐ F

d) 👁 *Observez ces phrases.*

1. Vous trouverez toujours un VVF. Ce VVF vous accueillera chaleureusement.
   ➡ Vous trouverez toujours un VVF **qui** vous accueillera chaleureusement.
2. Vous trouverez toujours un VVF. Dans ce VVF, vous pourrez vous reposer.
   ➡ Vous trouverez toujours un VVF **où** vous pourrez vous reposer.
3. Vous pourrez faire des activités. Vous choisirez ces activités selon vos goûts.
   ➡ Vous pourrez faire des activités **que** vous choisirez selon vos goûts.

 ▸PG 2

e) 👄 *À vous. Transformez les phrases suivantes.*

1. Les VVF proposent des loisirs. Ces loisirs sont adaptés à toute la famille.
2. Les VVF proposent des loisirs. Vous pourrez pratiquer ces loisirs ensemble ou séparément.
3. Vous passerez d'excellentes vacances dans les VVF. Vous pourrez vous détendre dans ces VVF.

f) 🎧 *Écoutez à nouveau l'enregistrement. Complétez d'abord les trois phrases puis reformulez sans « c'est … qui / que ».*

1. C'est _____ que vous souhaitez partir ? ➡ Vous _____ ?
2. C'est _____ qui choisissez. ➡ Vous _____ .
3. C'est _____ que nous recherchons avant tout. ➡ Nous _____ avant tout.

Qui es-tu ?

a) 🎧 *Écoutez le poème.*
Lisez-le à deux voix.

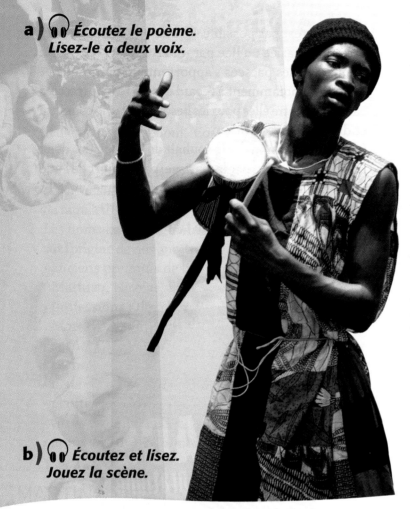

Qui es-tu ?

Je suis Mamadi, fils de Dioubaté.

D'où viens-tu ?

Je viens de mon village.

Où vas-tu ?

À l'autre village.

Quel autre village ?

Quelle importance ?
Je vais partout, là où il y a des hommes,
C'est ainsi ma vie.

Que fais-tu dans la vie ?

Je suis griot[1], m'entends-tu ?
Je suis griot comme l'était mon père,
Comme l'était le père de mon père,
Comme le seront mes enfants
Et les enfants de mes enfants.

Francis Bebey, dans l'anthologie
L'Afrique noire en poésie, © Gallimard

1. un griot : poète et musicien d'Afrique

b) 🎧 *Écoutez et lisez.*
Jouez la scène.

Une femme parle à un enfant de son fils, Moïse, qu'elle a abandonné quand il était petit. Elle explique pourquoi. En fait, l'enfant est son fils. Ils le savent tous les deux mais ils ont peur de le dire.

– Si un jour tu revois Moïse, dis-lui que j'étais très jeune lorsque j'ai épousé son père, que je ne l'ai épousé que pour partir de chez moi. Je n'ai jamais aimé le père de Moïse. Mais j'étais prête à aimer Moïse. Seulement j'ai connu un autre homme. Ton père…
– Pardon ?
– Je veux dire son père, à Moïse, il m'a dit : Pars et laisse-moi Moïse, sinon… Je suis partie. J'ai préféré.
– C'est sûr que c'est mieux.
Elle baisse les yeux.
Elle s'approche de moi. Je sens qu'elle voudrait m'embrasser. Je fais celui qui ne comprend pas. Elle me demande d'une voix suppliante :
– Tu lui diras, à Moïse ?
– Ça se peut.

Éric-Emmanuel Schmitt, *Monsieur Ibrahim et les fleurs du Coran*, © Albin Michel

Chanson

a) 🎧 *Écoutez la chanson. Relevez les mots qui concernent la famille et la maison.*

QUATRE MURS ET UN TOIT

1

Un terrain vague, de vagues
clôtures, un couple divague sur
la maison future. On s'endette
pour trente ans, ce pavillon
sera le nôtre, et celui de nos
enfants corrige
la femme enceinte. Les travaux
sont finis, du moins le gros
œuvre, ça sent le plâtre et
l'enduit
et la poussière toute neuve.
Le plâtre et l'enduit et la
poussière toute neuve.

2

Des ampoules à nu pendent
des murs, du plafond,
le bébé est né, il joue dans
le salon. On ajoute à l'étage
une chambre de plus,
un petit frère est prévu pour
l'automne. Dans le jardin,
les arbres aussi grandissent,
on pourra y faire un jour
une cabane.
On pourra y faire un jour
une cabane.

3

Les enfants ont poussé, ils sont trois maintenant,
on remplit sans se douter le grenier doucement.
Le grand habite le garage pour être indépendant,
la cabane, c'est dommage, est à l'abandon. Monsieur
rêverait de creuser une cave à vins, Madame
préfèrerait une deuxième salle de bains.
Ça sera une deuxième salle de bains.

4

Les enfants vont et viennent chargés de linge sale,
ça devient un hôtel la maison familiale. On a fait
un bureau dans la petite pièce d'en haut, et des
chambres d'amis, les enfants sont partis. Ils ont
quitté le nid sans le savoir vraiment, petit à petit,
vêtement par vêtement.
Petit à petit, vêtement par vêtement.

5

Ils habitent à Paris des apparts sans espace, alors
qu'ici il y a trop de place. On va poser, tu sais, des
stores électriques, c'est un peu laid, c'est vrai, mais
c'est plus pratique. La maison somnole comme un chat
fatigué, dans son ventre ronronne la machine à laver.
Dans son ventre ronronne la machine à laver.

6

Les petits-enfants espérés apparaissent, dans le frigo,
on remet des glaces. La cabane du jardin trouve une
deuxième jeunesse, c'est le consulat que rouvrent
les gosses. Le grenier sans bataille livre ses trésors,
ses panoplies de cow-boys aux petits ambassadeurs,
qui colonisent pour la dernière fois la modeste terre
promise, quatre murs et un toit.

Bénabar, *Reprise des négociations*,
2005, Universal Music Publishing

b) 🎧 *Écoutez à nouveau
la chanson et chantez
un passage qui vous plaît.*

7

Cette maison est en vente comme vous le savez, je suis, je me présente,
agent immobilier. Je dois vous prévenir si vous voulez l'acheter, je
préfère vous le dire, cette maison est hantée. Ne souriez pas, Monsieur,
n'ayez crainte, Madame, c'est hanté, c'est vrai, mais de gentils fantômes.
De monstres et de dragons que les gamins savent voir, de pleurs
et de bagarres, et de copieux quatre-heures, « Finis tes devoirs »,
« Il est trop lourd mon cartable », « Laisse tranquille ton frère »,
« Les enfants, à table ! ».
Écoutez la musique. Est-ce que vous l'entendez ?

à la découverte des **études** et du **travail**

découvrir

1] **Travail**

Communication

- Parler de ses études, de sa formation
- Raconter son parcours de vie
- Discuter de son travail
- Lire une petite annonce
- Rédiger une offre d'emploi

Outils linguistiques

- Les noms de métier au masculin et au féminin
- Les professions
- L'emploi
- Les chiffres de 100 à un milliard
- Le passé composé
- L'imparfait
- Les accords du participe passé
- Les études
- L'expression du temps
- Les voyelles [ø] / [œ]
- Les voyelles [e] / [ɛ]

Cultures

- Les nouvelles formations
- Les petits boulots
- Le temps de travail
- Les salaires
- Les congés en Europe
- La discrimination dans le monde du travail
- L'ANPE
- La fracture sociale

a) 👄 *Par petits groupes, cherchez tous les noms de métier que vous connaissez. Classez-les en métiers traditionnels et métiers d'aujourd'hui.*

b) 👁 *Regardez les photos. Associez un métier à chaque photo.*

A

B

C

D

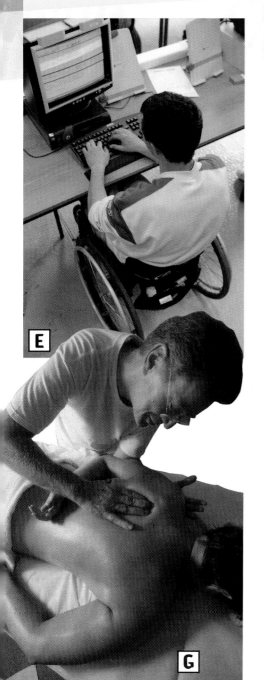

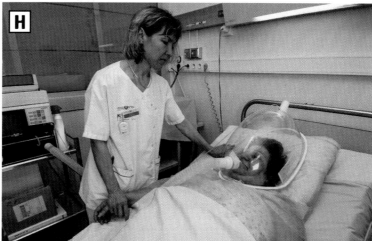

Photo	Nom
A	une avocate
B	
C	
D	
E	
F	
G	
H	

c) 👄 *Classez ces huit métiers, du plus intéressant au moins intéressant, selon vous. Par deux, comparez votre classement et expliquez-le.*

Très intéressant   Pas du tout intéressant

d) 🎧 *Écoutez la chanson* Louxor j'adore *de* Katerine. *Entourez les noms de métiers que vous entendez.*

les coiffeuses	les avocates	les institutrices	les boulangers	les camionneurs
les policiers	les plombiers	les masseuses	les agriculteurs	les menuisiers
les pompiers	les ouvriers	les informaticiens	les épiciers	les infirmières
les chanteuses	les chirurgiens	les mécaniciens	les garagistes	les chômeurs

16h30
Réunion du
comité de
rédaction

Rappeler
Monsieur Audou...

?

Mardi 18 m...
Compte-rend...
à rendre

2] Petits boulots

> Au 1er juillet 2007
> le SMIC → 8,44
> euros/heure

a) 👁 *Lisez ces petites annonces. À qui peuvent-elles convenir ?*

VENDANGES

Nous recherchons des étudiant(e)s pour la cueillette du raisin à compter du 13 septembre.
Vous travaillerez de 8 h à 12 h et de 14 h à 18 h. Vous serez nourris, logés. SMIC.
Nous recherchons des jeunes, filles ou garçons, motivés, ayant un bon esprit, possédant une voiture.
Envoyez un courriel à :
combeserge@wanadoo.fr
Joignez un CV

BABY-SITING

Nous recherchons une étudiante pour garder nos deux enfants (7 et 10 ans) à notre domicile du lundi au vendredi.
À faire : devoirs, activités sportives…
Vous travaillerez entre 8h et 18h à notre domicile à partir de septembre.
Étudiante langue anglaise appréciée.
Envoyez-nous vos CV par courriel :
gilles.juclas@free.fr

HÔTESSES

Nous recherchons pour notre entreprise une hôtesse : vous assurerez l'accueil des visiteurs, la gestion des salles de réunion, la prise en charge du standard.
Vous travaillerez du lundi au vendredi de 13 h 45 à 17 h 45 à partir du mois d'octobre.
Vous avez une excellente présentation et une expérience dans l'accueil et/ou le standard.
Envoyez-nous votre CV par courriel :
vmareau@realsearchjob.com

DIFFUSEUR DE PRESSE GRATUITE

Nous recherchons un étudiant pour la diffusion de presse gratuite à partir du mois d'octobre. Vous travaillerez le matin sur des lieux de distribution.
Contrat : CDD. Rémunération : SMIC.
Vous êtes dynamique, ponctuel et souriant.
Vous possédez une voiture.
Remplissez CV + lettre de motivation sur : www.pressegratuite.info

VENTE

Recherchons un(e) étudiant(e) pour la mise en rayon et l'entretien du magasin. Il faudra être disponible le matin ou l'après-midi du lundi au samedi à partir du 15 septembre. Vous travaillerez sur notre lieu de vente.
Merci d'envoyer votre candidature par courriel : boudeymf@wanadoo.fr

HÔTES

Accueil et renseignement de clients et de visiteurs, pour différentes manifestations les week-ends entre septembre et décembre. Salaire, horaires et lieu de travail variables. Vous êtes un jeune homme souriant et dynamique avec, de préférence, une expérience dans la vente directe. La maîtrise de l'anglais est souhaitable.
Envoyez-nous vos CV par courriel : wagenknecht@adecco.fr ou par courrier : 11 chemin du Facteur, 1288 Aire, Suisse

Joao
étudiant en publicité
libre le matin du lundi au vendredi
Bilingue portugais
joaooliveira@free.fr

Karen (USA)
Libre à partir de septembre
Sans voiture
kajoelbe@club-internet.fr

Adam, 22 ans,
sérieux, aime le sport. Voiture.
Libre dès octobre
Hoaro.adam@wanadoo.fr

Léa - libre de suite
sens du contact
étudiante, expérience vente
libre l'après-midi
leapalanque@univ.fr

Tom
étudiant en anglais souriant
libre du jeudi au dimanche
wrigzalt@wanadoo.fr

Amin
Je cherche un emploi,
j'ai une voiture,
libre de suite jusqu'au 15 novembre
Amin.benselem@free.fr

b) 👄 *Dans votre pays, de quelles façons peut-on chercher et trouver du travail ?*

c) ✒ *À votre tour, rédigez une annonce de recherche d'emploi.*

> **CDD :** Contrat à Durée Déterminée
> **SMIC :** Salaire Minimum Interprofessionnel de Croissance

3] Métiers

a) ✍ L'homme et la femme ont le même métier : indiquez le métier des femmes.

Exemple : David est chirurgien, sa femme est chirurgienne.

1. Hervé est masseur, sa compagne est _____
2. Thomas est infirmier, sa femme est _____
3. Emmanuel est dentiste, sa compagne est _____
4. Kevin est journaliste, sa femme est _____
5. Amir est chanteur, sa compagne est _____
6. Pierre-Yves est épicier, sa femme est _____

Activité CE 1

b) 🎧 Écoutez et remplissez le tableau. Ajoutez ensuite le féminin ou le masculin manquant.

	Masculin	Féminin
1	un expert	une experte
2		
3		
4		
5		
6		

c) 🎧 Écoutez le micro-trottoir. Remplissez le tableau.

Métier	Détails	Lieu	Temps
Exemple : enseignante	L'espagnol	Lycée public de la banlieue parisienne	Depuis 12 ans
Personne 1 :			
Personne 2 :			
Personne 3 :			
Personne 4 :			
Personne 5 :			

Le féminin des noms de métier

Sans suffixe

Un député/une députée   féminin = masculin
Un avocat/une avocate   + « e » à l'écrit

Si le masculin se termine par « e », pas de changement
Un comptable/une comptable
Un architecte/une architecte

Avec suffixe

Un ouvrier/une ouvrière	ier ➡ ière
Un mécanicien/une mécanicienne	ien ➡ ienne
Un espion/une espionne	ion ➡ ionne
Un toiletteur/une toiletteuse	teur ➡ teuse
Un directeur/une directrice	teur ➡ trice

Prononcer/écrire

		masculin	féminin
oral		/dãsœʀ/	/dãsøz/
		/kwafœʀ/	/kwaføz/
		/masœʀ/	/masøz/
écrit		danseur	danseuse
		coiffeur	coiffeuse
		masseur	masseuse

4] [ø] / [œ]

a) 🎧 Écoutez et cochez la case correspondant au son entendu.

	1	2	3	4	5	6	7	8	9	10
ø										
œ	X									

b) 🎧 Répétez les phrases que vous entendez.

Exemple : Il y a plusieurs heures que je veux rencontrer mon docteur !

Activité CE 2

16h30
Réunion du comité de rédaction

Rappeler Monsieur Auda

?

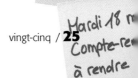

Mardi 18 m
Compte-re
à rendre

5] Études

a) 👁 *Observez le document.*

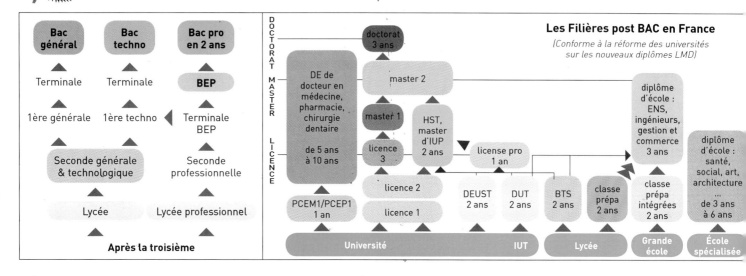

Les Filières post BAC en France
(Conforme à la réforme des universités sur les nouveaux diplômes LMD)

b) 👁 *Par groupes de trois, lisez chacun un message et retrouvez dans le schéma les études suivies par Jasmine, Marc et Manuela. Présentez le résultat à vos voisins.*

De : M.Albinai@wanadoo.fr

Objet : CONTRAT EN ALTERNANCE

Bonjour, je m'appelle Marc Albinai, j'ai 27 ans et je viens de Bastia, en Corse. Mon cursus scolaire est très simple : à 16 ans, je suis entré au lycée professionnel et j'ai passé un BEP de pâtissier. Ça m'a beaucoup plu, alors j'ai décidé d'intégrer le Bac pro. J'ai ensuite travaillé pendant quatre ans dans une pâtisserie en Corse. Depuis un an, je prépare un DUT de gestion à la fac de Marseille, car mon objectif est d'ouvrir une pâtisserie.
Je cherche actuellement une PME qui m'accepte en alternance. Pour en savoir plus, n'hésitez pas à télécharger mon CV et si vous avez des questions ou des remarques, contactez-moi à l'adresse suivante : M.Albinai@wanadoo.fr.

c) 👄 *Par trois, à tour de rôle, vous présentez votre métier ou le métier que vous voulez faire plus tard. Vous expliquez les études à suivre et les points positifs de ce métier.*

De : jasmine@wanadoo.fr

Objet : STAGE

Bonjour, je m'appelle Jasmine Ensanyar, j'ai 25 ans et je suis originaire d'Alençon.
J'ai été admise en seconde générale et j'ai obtenu un bac littéraire. Après le lycée, j'ai fait un BTS de marketing à Caen, puis je voulais devenir prof d'anglais, j'ai donc intégré la troisième année de licence d'anglais à la faculté de Caen. J'ai ensuite travaillé pendant un an, mais ça ne me correspondait pas, alors je suis actuellement dans une école d'infirmière et j'espère obtenir le diplôme dans moins de deux ans.

Dans le cadre de ma formation actuelle je dois effectuer un stage et je cherche donc un hôpital. Si mon profil vous intéresse, n'hésitez pas à télécharger mon CV et à me contacter jasmine@wanadoo.fr, je suis à votre disposition.

De : msantos@hotmail.com

Objet : ASSOCIÉ

Bonjour, je m'appelle Manuela Dosantos, j'ai 34 ans.
Après un bac général passé à Toulouse, j'ai obtenu un master de droit à Montpellier en 1995. J'ai ensuite préparé un doctorat en droit du travail. J'ai ouvert un cabinet d'avocats en 2004 à Béziers et je cherche maintenant un(e) associé(e) pour partager et développer ma clientèle.
J'attends votre CV et lettre de motivation sur msantos@hotmail. com. Réponse assurée avec proposition d'entretien.

Tâche FD 1 **Activité CE 3**

6] Histoires de vies

a) 👁 *Lisez la vie de Manuela et entourez les verbes conjugués.*

Je suis née en 1973 à Casablanca au Maroc où mes parents enseignaient le français : chaque jeudi, j'accompagnais mon oncle au tribunal et j'adorais ça ! En 1987, nous sommes rentrés en France et j'ai passé mon bac à Toulouse : pendant quatre ans, j'ai habité cette ville. Après, j'ai préparé ma maîtrise de droit à Montpellier et mon doctorat en droit du travail.

J'ai commencé ma carrière d'avocate en 2000 dans un cabinet à Béziers. C'était difficile car je débutais, mais très vite, je me suis installée à mon compte et je cherche actuellement un associé.

b) ✎ *Reliez les temps à leurs valeurs.*

Le passé composé

    description d'un état
    habitude dans le passé
    succession d'événements

L'imparfait

    action délimitée dans le temps

▶ PG 9, 10 **Activité CE 4**

c) ✎ *Complétez le texte en conjuguant les verbes entre parenthèses aux temps qui convient.*

Pablo est né à Rouen en 1958. Il (vivre) _____ pendant quinze ans dans la banlieue de Paris puis il (partir) _____ habiter au Luxembourg. Son père (être) _____ chirurgien et il (être recruté) _____ par une clinique privée. Pablo (décider) _____ de devenir comédien. Il (retourner) _____ sur Paris où son oncle (habiter) _____. Il (suivre) _____ le cours Florent puis il (chercher) _____ du travail ! Il (pointer) _____ au chômage depuis quatre ans quand il (commencer) _____ à faire de la publicité ! Un réalisateur le (remarquer) _____ et lui (donner) _____ sa chance. Depuis, il (devenir) _____ célèbre !

Activité CE 5

d) 🎧 *Écoutez les phrases suivantes. Cochez si vous entendez le passé composé ou l'imparfait, comme dans l'exemple.*

	1	2	3	4	5	6	7	8	9	10
Passé composé										
Imparfait	X									

e) ✎ *Entourez la bonne réponse.*

Pendant leurs dernières vacances, Lisa et Malia (**sont parties/ont parti**) à vélo et elles (**ont découvert/ont découvertes**) une région magnifique : la Bretagne. Elles (**ont beaucoup roulées/ont beaucoup roulé**) car c'était à l'autre bout de la France. Lisa a adoré, elle (**est inscrit/est inscrite**) à des rencontres cyclistes à Clermont-Ferrand et elle avait une bonne condition physique. Pour Malia, le vélo était plus difficile, mais elle (**a pu/a pues**) profiter des paysages et du bon air.

Après trois semaines de sport, elles (**sont revenu/sont revenues**) toutes bronzées et en pleine forme. C'était des vacances géniales.

Passé composé/Imparfait

Ces deux temps s'emploient pour exprimer des actions dans le passé.
L'imparfait exprime un déroulement, un processus continu, une habitude dans le passé.

*Petite, ma fille **était** gentille.*

*Chaque lundi, j'**allais** à la piscine.*

Le passé composé indique une rupture dans le déroulement d'une action ou d'un état, une succession d'actions.

*Elle **est née** en 1954.*

*En 1999, ils **se sont mariés**.*

Remarque

Le choix du temps se fait selon le lien entre les actions :

– **Je préparais du café quand ma mère est arrivée.** *(Je préparais le café avant l'arrivée de ma mère.)*

– **J'ai préparé du café quand ma mère est arrivée.** *(J'ai préparé le café après l'arrivée de ma mère.)*

Accords

Rappel

Au passé composé,
avec l'auxiliaire *être*,
le participe s'accorde avec le sujet.

Marie est née en 1987.

avec l'auxiliaire *avoir*,
le participe ne s'accorde pas avec le sujet.

Marie a passé son BTS à Lille.

16h30
Réunion du comité de rédaction

Rappeler Monsieur Auda

7] Témoignages

a) *Conjuguez les verbes entre parenthèses. (Attention aux accords.)*

Prune et Sidonie **sont sorties** hier soir : d'abord elles (aller) _____ prendre l'apéritif chez Alexia où elles (rencontrer) _____ Florian et Anna. Ensuite, ils (décider) _____ de regarder un DVD. Après, ils (partir) _____ en boîte de nuit. Ils (danser) _____ jusqu'à quatre heures du matin. Sidonie et Prune (rentrer) _____ en taxi alors que Florian et Anna (attendre) _____ le premier métro !

`Activités CE 6, 7, 8, 9`

b) *Remettez le texte dans l'ordre.*

a. Après, les résultats arrivent.

b. Quand on a gagné, c'est une véritable fête car c'est toute une classe qui gagne ! C'est tellement incroyable d'imaginer prendre l'avion avec son meilleur copain !

c. Enfin, c'est le départ. Les bagages sont enregistrés et le rêve se réalise : 15 jours à Copenhague… C'était en 1996 et je n'ai pas un meilleur souvenir que celui-ci…

d. D'abord, il faut être élève au collège et avoir la chance de pouvoir participer à un concours avec toute la classe.

e. Tout le monde doit alors se mettre d'accord pour répondre à un questionnaire, les élèves et les profs. C'est très sympa !

f. Ensuite, le bulletin de participation doit être envoyé le plus tôt possible : l'attente, l'espoir, le rêve commencent.

g. Comment avoir un excellent souvenir de vacances ?

a	b	c	d	e	f	g
						1

`Tâches FD 2, 3` `Activité CE 10`

c) *Écoutez les témoignages et corrigez les fiches.*

1
```
Antoine
Dury
39 ans
Maîtrise
de chinois
Bilingue
Traducteur
```

2
```
Paul
Baillarjeon
28 ans
BEP
d'électricien
Artisan
3 employés
```

3
```
Pénélope
de Vigny
43 ans
Licence
d'allemand
Femme au foyer
```

4
```
Clara
Garnier
41 ans
Bac
Professeur
de tennis
Mi-temps
```

8] [e]/[ɛ]

a) *Écoutez. Soulignez les sons [e] et entourez les sons [ɛ] que vous entendez.*

La semaine dernière, nous sommes allés chez Géraldine et Pierre dans leur maison au bord de la mer Méditerranée. C'était génial ! Nous nous sommes baignés, nous avons marché et nous avons dansé tous les soirs ! La fiesta, quoi ! Nous sommes rentrés très fatigués mais enchantés par la région !

b) *Répondez à la question comme dans l'exemple.*

Exemple : Vous chantez souvent ? – Non, plus du tout, mais avant je chantais tout le temps !

`Activité CE 11`

9] Portraits

a) *Complétez le portrait de Lisette à l'aide des mots suivants : touche, DEC*, petits boulots, cabinet, études, diplôme, travail, salaire.*

Je suis née en 1962 dans un petit village du Nouveau-Brunswick. Après le _____, je suis partie vivre à Montréal et j'ai fait des _____ de kinésithérapeute. Je faisais des _____ pour gagner ma vie : du baby-sitting, des ménages… J'ai obtenu mon _____ en 1986. Je me suis installée avec ma co-pine puis j'ai ouvert mon _____ de kiné. Ensuite, nous avons quitté le Canada et nous nous sommes installées en Suisse, à Genève où j'ai obtenu un _____ dans une clinique privée. Le _____ est vraiment intéressant, je _____ 3600 francs suisses.

*DEC : Diplôme d'études collégiale préuniversitaire québecois

> PG 17

b) *À vous d'écrire le parcours de vie de Yanis Kababa.*

Il est né en 1965, _____

Né en 1965 à Caen (France), maîtrise de droit, avocat important
1990 : 1 an de congé, voyage à Madagascar
1995 : changement de vie : vend sa maison, quitte son emploi
1998 : mariage avec Gloria
2000 : ouverture d'un restaurant à Antananarivo
2007 : mort dans un accident de moto.

Prononcer/écrire

	[ɛ]	[e]
oral	/nɛ/ /sɛ/ /mãʒɛ/	/ne/ /se/ /mãʒe/
écrit	naît c'est mangeais	né ces mangé

L'expression du temps

Ces adverbes permettent de se situer dans le déroulement d'une action ou d'une histoire. Ils indiquent souvent un ordre dans une suite d'événements.

1. **D'abord,** Prune et Sidonie sont allées chez Alexia.
2. **Ensuite,** elles ont rencontré Florian.
3. **Après,** ils ont regardé un DVD.
4. **Enfin,** ils sont allés danser.

Chiffres

100	cent
150	cent cinquante
200	deux cents
201	deux cent un
245	deux cent quarante-cinq
1000	mille
1500	mille cinq cents
1 000 000	un million
1 000 000 000	un milliard

10] Salaires

a) *Écoutez le témoignage et remplissez le tableau suivant.*

1. Écrivez les fonctions des personnes qui travaillent dans l'entreprise ROUX-COSMÉTIQUE.
2. Réécoutez et écrivez les salaires de chaque personne.

Salariés	Fonctions	Salaires
Alice Roux		
Pierre Stevens		
Loïc Loquen		
Paul Cresson		
Armando Fiorini		
Samuel Bermond		
Noor Al-Hussein		
Isabelle Brame		
Anne-Sophie Esperas		

b) *Écrivez en lettres les sommes suivantes.*

456 euros : _____
1 328 euros : _____
5 899 euros : _____
12 700 euros : _____

c) *Par deux, lisez les nombres suivants à votre voisin qui doit les écrire sans regarder son livre.*

908 – 8 765 – 2 432 – 19 098 – 34 000
Inversez les rôles.
143 – 556 – 4 543 – 1 200 000 – 49 000

Activité CE 12

communiquer

11] Drôles de boulots !

a) 👁 *Par deux, choisissez chacun un texte et lisez-le.*

b) 👄 *Vous expliquez le texte à votre voisin qui prend des notes.*

1

Élémentaire, mon cher Watson !

Enfin un diplôme pour les détectives et les enquêteurs.

Un nouveau diplôme d'État appelé : « Licence professionnelle sécurité des biens et des personnes », option « Enquêtes privées », a été créé en juin dernier. Depuis la rentrée universitaire 2006/2007, ce diplôme est ouvert en formation initiale pour ceux qui ne sont pas encore détectives, ou en formation continue pour les autres. Aucune école privée ne peut former les détectives et enquêteurs privés à ce diplôme d'Etat. L'Université Paris II Assas est la seule à pouvoir le faire.

Infos : www.formation.enqueteurs.fr ou Université Paris II : 01 64 79 72 36

2

Ouverture d'une école de formation au relooking à Lyon

L'Institut de relooking international (IDRI) est un organisme de formation de l'État qui propose des formations à Paris depuis 4 ans et qui ouvre une école à Lyon. C'est la seule formation en Europe à être dirigée par une psychologue. Elle prépare au métier de conseiller en image personnelle et professionnelle. L'école propose une alternance de cours techniques et d'apprentissages pratiques, et se sert de techniques de relooking connues.

Infos : 0820 000 068 ou www.institutderelooking.com

c) 👄 *Posez les questions sur votre texte à votre voisin.*

Questions sur le texte 1

a. Quel est le nouveau diplôme présenté ?
b. Où se déroule la formation ?
c. Depuis quand peut-on suivre cette formation ?
d. Dans quelles écoles ce diplôme peut-il se préparer ?
e. Ces études peuvent-elles se suivre en formation continue ?

Questions sur le texte 2

a. Quelle est la nouvelle formation proposée ?
b. Où se trouve l'école ?
c. Depuis combien de temps cette école existe-t-elle à Paris ?
d. Qui dirige la formation ?
e. Que propose cette formation en plus des cours techniques ?

d) 👄 *Que pensez-vous des formations présentées dans ces textes ? Qu'est-ce qu'un métier original pour vous ?*

12] Échanges

👄 Jeu de l'oie par groupe de quatre

Chacun à votre tour, jetez le dé et déplacez votre pion le long du parcours ci-dessous. À chaque case, répondez à la question posée. Si vous tombez sur un « ? », vous devez répondre à une question libre choisie par les autres.

DÉPART

1 — Quel est votre meilleur souvenir de l'école primaire ?

2 — Vous souvenez-vous d'un objet, d'une odeur, d'une ambiance d'école ?

3 — Avez-vous déjà eu une punition à l'école ? Pourquoi ?

4 — Quelle est/était la profession de vos parents ?

5 — ?

6 — Quand vous étiez enfant, quel métier vouliez-vous faire ? Pourquoi ?

7 — Quel est pour vous un emploi vraiment masculin/féminin ?

8 — Présentez un métier original.

9 — Racontez un mauvais souvenir d'école.

10 — ?

11 — Le moment préféré dans votre journée à l'école, c'était…

12 — Qui était votre professeur préféré(e) ? Pourquoi ?

13 — Comment étiez-vous habillé(e) à l'école ?

14 — Citez le plus vite possible huit métiers.

15 — ?

16 — Quel métier ne vouliez-vous surtout pas faire ? Pourquoi ?

17 — Racontez la première fois que vous avez fait un exposé devant toute la classe…

18 — Pour vous, quel est le plus important : faire un travail qui vous intéresse ou gagner beaucoup d'argent ?

19 — Quel est votre jour préféré de la semaine ?

20 — ?

21 — Quelles sont vos matières préférées (mathématiques, géographie…) ?

22 — Savez-vous quels métiers faisaient vos grands-parents ?

23 — Quelle est la qualité principale d'un étudiant ?

24 — Connaissez vous des métiers qui ont disparu ?

ARRIVÉE

2 vivre en français

13] Européens et congés payés

a) 👁 *Par trois, observez ces documents.*

– Qu'est-ce qui vous surprend ?
– Quels sont les jours fériés dans votre pays ?
– Pour quelles raisons les salariés peuvent-ils obtenir des jours de congés supplémentaires ?

> Le nombre de **jours de congés payés** n'est pas le même dans tous les pays européens. Un salarié de l'Union européenne à temps plein a une moyenne de **34 jours** de congés payés par an, mais cela varie entre **28 et 39 jours** selon les pays !

> Pour les **jours fériés**, les Européens ne sont pas tombés d'accord ! Il y a environ **50 dates différentes** qui sont des jours fériés pour les pays et seulement **30 dates sont communes** à un ou deux pays !

Pays	Congés annuels	Jours fériés	Total
Finlande	25	14	39
Autriche	25	13	38
Grèce	25	12	37
France	25	11	36
Portugal	22	14	36
Espagne	22	14	36
Suède	25	11	36
Danemark	25	10	35
Luxembourg	25	10	35
Allemagne	20	13	33
Belgique	20	10	30
Italie	20	10	30
Irlande	20	9	29
Royaume-Uni	20	8	28
Pays-Bas	20	8	28

Source : *Le journal du management*, Mercer Human Resource Consulting

Le travail et la vie
Évolution de la part du travail dans la vie éveillée* en deux siècles (en %)

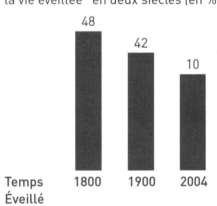

Temps Éveillé	48	42	10
	1800	1900	2004

*Pour une vie d'homme, temps de sommeil déduit.
Source : *Francoscopie 2005*, Gérard Mermet, éditions Larousse

Et plus loin ?

• Aux États-Unis, on travaille en moyenne 43 h/semaine, et on a un minimum de 10 jours de congés/an.
• Au Japon, on travaille entre 40 et 44 h/semaine, et selon l'ancienneté, on part 10 à 20 jours en vacances.
• En Chine, on travaille autour de 40 h/semaine mais la sieste est légale et on a 16 à 23 jours de congés.
• Au Canada, on travaille en moyenne 31,6h /semaine et on a 2 semaines de congés (ou 3 si l'on est depuis 6 ans chez le même employeur).
• Au Brésil, on travaille 44h /semaine et on a un mois de congé.

> Selon les pays, des congés « spéciaux » peuvent être accordés : mariage, décès, naissance...

b) 👄 *Présentez ce que vous connaissez du temps de travail et des congés dans votre pays.*

Activité CE 13   Tâche FD 4

14] Emploi et discrimination

a) 🎧 *Écoutez les messages reçus sur le répondeur de Radio Flash, le thème du jour est la discrimination dans le monde du travail.*

b) 🎧 *Écoutez encore les messages et choisissez la phrase qui raconte le mieux ce que vous avez entendu.*

MESSAGE 1 — Farid Ikram

1. Un Arabe ou un Noir doit travailler dans les magasins. Son oncle a ouvert une société de comptabilité aux USA.

2. Pour réussir, les Arabes et les Noirs doivent créer leur propre entreprise. Son oncle a quitté la France pour pouvoir travailler.

MESSAGE 2 — un Français d'origine antillaise

1. Pour lui, être français et noir en même temps est une difficulté.

2. Il est noir mais français alors tout est facile pour lui.

MESSAGE 3 — Claire, de Paris

1. Elle veut donner son opinion plutôt positive sur la discrimination.

2. Elle travaille dans le recrutement et constate qu'il y a beaucoup de discrimination dans son entreprise.

MESSAGE 4 — Messaoud, de Montpellier

1. Messaoud souffre du racisme dans son parcours professionnel à cause de ses origines.

2. Messaoud est très diplômé et pourtant il n'arrive pas à trouver un travail.

MESSAGE 5 — Sandrine, de Brest

1. Pour elle, la discrimination est un sujet qui concerne l'ensemble des gens.

2. Pour elle, les femmes, les vieux et les étrangers doivent agir contre la discrimination.

c) 🗣 *Par deux, échangez vos opinions sur les phrases suivantes.*

> Une importante société de marketing à Dunkerque a pour consigne de recruter uniquement des « personnes ayant un nom bien français, italien ou espagnol ».

> Une petite annonce pour un poste d'accueil recherche une *french native* …

> Les métiers en contact direct avec la clientèle sont plus touchés par des demandes du type « BBR » (pour Bleu Blanc Rouge).

> SOS Racisme cite un cas extrême : une grande entreprise française demande dans un fax « des jeunes femmes de 18 à 22 ans, taille 40 maxi, BBR » pour des emplois d'hôtesse de vente.

16h30 Réunion du comité de rédaction

Rappeler Monsieur Audo

d) 🗣 *Ces problèmes existent-ils dans votre pays ? Discutez-en avec vos voisins.*

Mardi 18 m Compte-re

à lire à dire

a) 🎧 *Écoutez ce texte.*

Deux personnes qui ne se connaissent pas se retrouvent enfermées dans une pièce sans fenêtre ni porte et sont obligées de faire connaissance.

– Tiens, bonjour mademoiselle. Je m'appelle Raoul Méliès, et vous ?

Il lui tend la main. Elle la regarde, hésite encore un peu, se tourne vers le public, puis soudain affiche un air faussement ravi.

– Samantha Baldini.

– Et vous faites quoi dans la vie, Mademoiselle Baldini ? Actrice, je présume ?

Samantha adopte le ton de Raoul :

– Non, pas actrice, mais quand même artiste.

– Peintre, sculptrice ? Musicienne ? Danseuse étoile ? Plasticienne ?

Samantha fronce légèrement les sourcils car elle ne connaît pas le sens du dernier mot, mais se reprend rapidement.

– Pas exactement, disons : « artiste de cirque » ! Je suis une dresseuse de tigres.

– Dresseuse de tigres ? Eh bien dites donc, ça ne court pas les rues. Vous devez être courageuse. Ils ne vous ont jamais fait de mal, ces fauves terrifiants ?

Samantha parle en jetant des regards et des sourires comme si elle était en piste.

– Non, ça va. Merci de t'en inquiéter, mon cher Raoul. C'est comment dire..., un vrai métier. On apprend très jeune à surmonter sa peur. (...) Et toi, avec ta blouse blanche, tu fais quoi dans la vie ? Laisse, je vais deviner. Fromager ? Charcutier ? Ah non, tu causes trop bien... Psychiatre. Réducteur de têtes. Laveur de cerveau pour...

– Je suis un scientifique. Je fais de la recherche pour faire avancer le savoir.

Bernard Werber, *Nos amis les humains*, © Éditions Albin Michel, 2003.

b) 👄 *Répondez aux questions suivantes.*

– Qui parle ?
– Retrouvez leurs noms et attribuez les paroles à la personne qui convient.
– Mettez entre parenthèses les passages du texte qui ne sont pas dits par un personnage.
  Exemple : (Il lui tend la main...)
– Comparez vos réponses.

c) 👄 *Lisez ce texte à plusieurs voix et jouez-le.*
Respectez les indications données par l'auteur.

d) 🎧 *Écoutez ce texte.*

Deux personnes qui ne se connaissent pas engagent une conversation dans un square.

Vous vendez des choses, Monsieur, tout en voyageant ?

– Oui, c'est ça mon métier.

– Toujours les mêmes choses ?

– Non, des choses différentes, mais petites, vous savez, de ces petites choses dont on a toujours besoin et qu'on oublie si souvent d'acheter. Elles tiennent toutes dans une valise de grandeur moyenne. Je suis, si l'on veut, une sorte de voyageur de commerce, vous voyez ce que je veux dire.

– Que l'on voit sur les marchés, la valise ouverte devant vous ?

– C'est ça, oui, Mademoiselle, on me voit aux abords des marchés en plein air.

– Est-ce que je peux me permettre de vous demander si cela est d'un revenu régulier, Monsieur ?

– Je n'ai pas à me plaindre, Mademoiselle.

– Je ne le pensais pas, voyez-vous.

– Je ne dis pas que ce revenu est important, non, mais tous les jours on gagne quelque chose. C'est ça que j'appelle régulier.

– Vous mangez donc à votre faim, Monsieur, si j'ose encore me permettre ?

– Oui, Mademoiselle, je mange à peu près à ma faim. Je ne veux pas dire par là que je mange tous les jours de la même façon, non, il arrive quelquefois que c'est un peu juste, mais enfin j'arrive à manger tous les jours, oui.

– Tant mieux, Monsieur. [...] Est-ce que ce travail est à la portée de tout le monde, Monsieur ? Le croyez-vous tout au moins ?

– Oui, Mademoiselle, tout à fait. C'est même le travail par excellence qui est à la portée de tout le monde.

Marguerite Duras, *Le Square*, © Éditions Gallimard.

16h30
Réunion du
comité de
rédaction

Rappeler
Monsieur Audo

e) 👄 *Par deux, imaginez la liste des objets que vend l'homme : « ces petites choses dont on a besoin et qu'on oublie si souvent d'acheter ». Échangez.*

f) 👄 *Par deux, lisez ce texte à voix haute.*

Mardi 18 m
Compte-ren

découvrir

1] Les différents sentiments

a) 👄 *Décrivez ces images. Imaginez dans quelle situation se trouve chaque personnage.*

A

B

C

b) ✎ *Qu'éprouvent-ils ? Que ressentent-ils ? Reliez chaque image à la phrase correspondante, comme dans l'exemple.*

1. Il a peur	
2. Il est en colère	
3. Il est content/heureux	
4. Il est surpris	
5. Il est fier	
6. Ils sont amoureux	
7. Elle est triste	
8. Elle a honte	
9. Il a la haine*	F

* familier

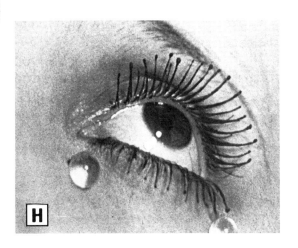

c) 🎧 *Écoutez. À quelle situation associez-vous les sentiments suivants ? Justifiez votre réponse comme dans l'exemple.*

Sentiments	Situations	Raisons
L'amour	1	Elle a rencontré l'homme de sa vie
La haine		
La joie		
La tristesse		
La fierté		
La honte		
La peur		
La colère		
La surprise		

`Activité CE 12`

3 communiquer

11] La dispute

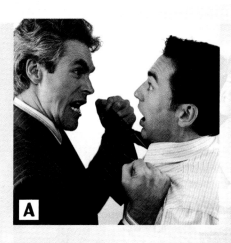

A   B   C

a) 🎧 *Écoutez ces trois scènes de dispute et complétez le tableau.*

	Personnages	Raisons	Photo
Scène 1			
Scène 2			
Scène 3			

b) 👄 *Jouez une scène de dispute à l'aide des éléments suivants.*

PERSONNAGES

x Un père et son fils
x Une mère et sa fille
x Un couple d'amoureux
x Un mari et sa femme
x Des ami(e)(s)
x Des collègues

EXPRIMER SA COLÈRE

x C'est pas vrai !
x C'est pas possible !
x J'en ai marre !
x J'en ai assez !
x J'en ai ras-le-bol !
x Ça suffit !
x Tu exagères !
x Tu m'énerves !

RAISONS

x Il/elle a oublié la date d'anniversaire de leur rencontre.
x Il/elle rentre à la maison avec un cœur tatoué sur le bras.
x Le frigo est vide, il/elle a oublié de faire les courses.
x Il/elle arrive. Son/sa collègue a fumé dans le bureau.
x Il/elle n'a pas pu garder un secret.
x Il/elle rentre tard, sent l'alcool et titube.
x Il/elle n'est pas rentré(e) de la nuit. Au petit matin, il/elle arrive avec des croissants.
x Il/elle a encore oublié d'aller chercher les enfants à l'école.

RÉPONDRE À LA COLÈRE / ATTÉNUER LA COLÈRE

x C'est toi que j'attendais.
x Je t'aime comme tu es.
x Je ne pourrai jamais te mentir.
x Tu es belle quand tu pleures.
x Je t'aimerai toute ma vie.
x Un mot de toi et je quitte ma mère.
x Tu pourras toujours compter sur moi.
x Fais-moi confiance.
x C'est la première fois que je dis ça à quelqu'un.
x Je te promets, je vais changer.
x Ce soir tu étais la plus belle/le plus beau.

12] Le bonheur

a) 👄 **Commentez ces citations et proverbes sur le bonheur. Quelle est la phrase qui vous correspond le plus, le moins ? Pourquoi ?**

Le bonheur des uns fait le malheur des autres. Proverbe

Le bonheur est composé de tant de pièces qu'il en manque toujours. Bossuet

Pour moi le bonheur, c'est d'abord d'être bien. Françoise Sagan

Un obstacle au bonheur, c'est s'attendre à trop de bonheur. Fontenelle

Le bonheur, c'est savoir ce que l'on veut et le vouloir passionnément. Félicien Marceau

Le bonheur, c'est de le chercher. Jules Renard

Si l'on bâtissait la maison du bonheur, la plus grande pièce serait la salle d'attente. Jules Renard

Car le bonheur est fait de trois choses sur terre, qui sont : un beau soleil, une femme, un cheval. Théophile Gautier

b) 👄 **Comparez avec votre voisin(e).**

c) 🎧 **Écoutez. Quelle est leur définition du bonheur ?**

Personnes	Définition
1	quelque chose qu'on peut créer mais aussi détruire
2	
3	
4	
5	
6	

13] Les gestes

a) 👁 *Observez les gestes que font les Français pour exprimer un sentiment. À votre avis, quels sentiments expriment ces gestes ?*

| A | B | C | D | E | F | G | H |

Sentiments	Photos
satisfaction	A
lassitude	
impuissance	
énervement	
doute	
espoir	
peur	
ennui	

c) 🎧 *Écoutez les dialogues. Retrouvez celui qui correspond à chaque photo. Écrivez l'expression qui accompagne le geste.*

Photos	Dialogues	Expressions
A	8	C'était comme ça !
B		
C		
D		
E		
F		
G		
H		

b) 👄 *Faites-vous les mêmes gestes dans votre pays pour exprimer ces sentiments ?*

`Activité CE 14`

14] Les sens

a) 👁 *Lisez la description de ces gestes, essayez de les faire avec votre voisin(e) et comparez.*

1. On se pince le nez entre le pouce et le majeur.
2. On frotte les doigts de sa main les uns contre les autres, lentement, jusqu'à la paume.
3. On se cache les yeux avec la main et on tourne la tête.
4. On se bouche les oreilles en posant une main sur chacune d'elle.
5. On réunit ses doigts devant la bouche, on les embrasse. Ensuite on les projette, écartés, devant ses lèvres.
6. On passe sa main sur son ventre en faisant un mouvement circulaire.

b) 👄 *Retrouvez pour chaque geste à quel sens il se réfère.*

Exemple : 1 ➜ l'odorat

c) 🎧 *Écoutez et associez chaque phrase à un sens.*

Phrases	1	2	3	4	5	6	7	8	9	10
Sens	l'ouïe									

`Tâche FD 4` `Activité CE 9`

15] Festival des sens

a) 👁 *Observez ces documents.*
À quels sens pouvez-vous les associez ? Pourquoi ?

B SEMAINE DU GOÛT
du lundi 16 au vendredi 20 octobre 2006

AU MENU LA FRANCOPHONIE

L'EUROPE
L'ASIE
L'OCÉANIE
L'AMÉRIQUE
L'AFRIQUE

À LA DÉCOUVERTE DES **5** CONTINENTS

www.colombes.fr

Colombes, *la ville en mouvement*

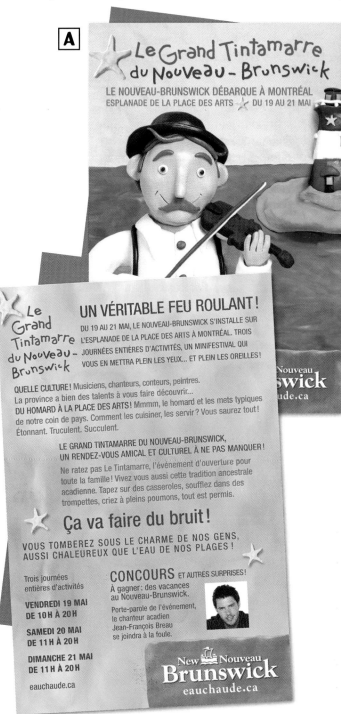

A Le Grand Tintamarre du Nouveau-Brunswick

LE NOUVEAU-BRUNSWICK DÉBARQUE À MONTRÉAL
ESPLANADE DE LA PLACE DES ARTS ✶ DU 19 AU 21 MAI

Le Grand Tintamarre du Nouveau-Brunswick

eauchaude.ca

UN VÉRITABLE FEU ROULANT !

DU 19 AU 21 MAI, LE NOUVEAU-BRUNSWICK S'INSTALLE SUR L'ESPLANADE DE LA PLACE DES ARTS À MONTRÉAL. TROIS JOURNÉES ENTIÈRES D'ACTIVITÉS, UN MINIFESTIVAL QUI VOUS EN METTRA PLEIN LES YEUX... ET PLEIN LES OREILLES !

QUELLE CULTURE ! Musiciens, chanteurs, conteurs, peintres.
La province a bien des talents à vous faire découvrir.
DU HOMARD À LA PLACE DES ARTS ! Mmmm, le homard et les mets typiques de notre coin de pays. Comment les cuisiner, les servir ? Vous saurez tout !
Étonnant. Truculent. Succulent.

LE GRAND TINTAMARRE DU NOUVEAU-BRUNSWICK,
UN RENDEZ-VOUS AMICAL ET CULTUREL À NE PAS MANQUER !

Ne ratez pas Le Tintamarre, l'événement d'ouverture pour toute la famille ! Vivez vous aussi cette tradition ancestrale acadienne. Tapez sur des casseroles, soufflez dans des trompettes, criez à pleins poumons, tout est permis.

✶ **Ça va faire du bruit !**

VOUS TOMBEREZ SOUS LE CHARME DE NOS GENS,
AUSSI CHALEUREUX QUE L'EAU DE NOS PLAGES !

Trois journées entières d'activités

VENDREDI 19 MAI
DE 10 H À 20 H

SAMEDI 20 MAI
DE 11 H À 20 H

DIMANCHE 21 MAI
DE 11 H À 20 H

eauchaude.ca

CONCOURS ET AUTRES SURPRISES !
À gagner : des vacances au Nouveau-Brunswick.

Porte-parole de l'événement, le chanteur acadien Jean-François Breau se joindra à la foule.

New Nouveau **Brunswick**
eauchaude.ca

MENU

Bien manger et se faire plaisir en mangeant, c'est important ! C'est pourquoi chaque année nous participons à la SEMAINE DU GOÛT, pour nous permettre d'apprendre et de découvrir des saveurs nouvelles et des habitudes alimentaires différentes.

Cette année, du lundi 16 au vendredi 20 octobre, les restaurants scolaires de la ville te proposent d'embarquer dans un voyage du goût à travers les pays francophones des 5 continents du monde :

L'EUROPE : Belgique (LUNDI)
Salade de chicons (endives)
Waterzooi de poissons
Pommes vapeur
Gouda
Gaufre liégeoise au chocolat

L'ASIE : Viêt-Nam (MARDI)
Carottes râpées au soja et aux crevettes
Bœuf aux champignons noirs
Garniture de légumes vietnamienne
Vache Qui Rit
Salade exotique

L'OCÉANIE : Tahiti (MERCREDI)
Accra de morue
Filet de poisson au curry et noix de coco
Riz à l'ananas
Yaourt tradition à la vanille
Banane

L'AMÉRIQUE : Québec (JEUDI)
Salade César (salade verte, croûtons et fromage râpé)
Sauté d'agneau au romarin
Maïs et brocolis
Fromage
Pan cakes au sirop d'érable

L'AFRIQUE : le Sénégal (VENDREDI)
Salade de tomates à la menthe
Poulet Yassa
Semoule
Fromage blanc + sucre
Dattes

À LA DÉCOUVERTE DES **5** CONTINENTS

b) 👄 *Y a-t-il dans votre pays des manifestations associées à un des cinq sens ?*

c) ✎ *Imaginez le programme de la Semaine de l'odorat à la découverte des cinq continents.*

Exemple : l'odeur du pain français, des fleurs de la Réunion, des épices marocaines, du riz laotien, du rhum guyanais.

3 à lire à dire

Théâtre

a) 🎧 *Écoutez.*

Deux personnages : Serge, médecin, qui aime l'art et qui vient d'acheter un tableau, et Marc, son ami.

Chez Serge.
Posée à même le sol, une toile blanche, avec de fins liserés blancs transversaux.
Serge regarde, réjoui, son tableau.
Marc regarde le tableau.
Serge regarde Marc qui regarde le tableau.
Un long temps où tous les sentiments se traduisent sans mot.
MARC : Cher ?
SERGE : Deux cent mille.
MARC : Deux cent mille ?...
SERGE : Handtington me le reprend à vingt-deux.
MARC : Qui est-ce ?
SERGE : Handtington ?!

MARC : Connais pas.
SERGE : Handtington ! La galerie Handtington !
MARC : La galerie Handtington te le reprend à vingt-deux ?...
SERGE : Non, pas la galerie. Lui. Handtington lui-même. Pour lui.
MARC : Et pourquoi ce n'est pas Handtington qui l'a acheté ?
SERGE : Parce que tous ces gens ont intérêt à vendre à des particuliers. Il faut que le marché circule.
MARC : Ouais…
SERGE : Alors ?
MARC : …
SERGE : Tu n'es pas bien là. Regarde-le d'ici. Tu aperçois les lignes ?
MARC : Comment s'appelle le…
SERGE : Peintre. Antrios.
MARC : Connu ?
SERGE : Très. Très !
Un temps.
MARC : Serge, tu n'as pas acheté ce tableau deux cent mille francs ?
SERGE : Mais mon vieux, c'est le prix. C'est un ANTRIOS !
MARC : Tu n'as pas acheté ce tableau deux cent mille francs !
SERGE : J'étais sûr que tu passerais à côté.
MARC : Tu as acheté cette merde deux cent mille francs ?!

Yasmina Reza, *Art*, © Albin Michel.

b) 👄 *Quels différents sentiments expriment ces deux personnages ?*

c) 👄 *Travaillez l'intonation des phrases du texte.*

« Deux cent mille, Handtington », « Très. Très ! », « C'est un ANTRIOS ! », « Tu n'as pas acheté ce tableau deux cent mille francs ! », « Tu as acheté cette merde deux cent mille francs ?! »

d) 👄 *Apprenez ce texte par cœur et jouez cette scène à deux.*

Chanson

a) 🎧 *Écoutez.*

Je suis jalouse

J'ai encore pleuré pendant deux heures
Sur ta boîte de petits beurres
La fameuse avec les lettres
Les photos de New Hampshire

Ton voyage en amoureux
Avec Adèle de Bayeux
Je trouve son nom ridicule
On dirait une marque de pull

Elle voudrait me rencontrer
Nous avoir pour déjeuner
C'est sûr elle va m'adorer
Et elle a tellement insisté

*Oh oui je suis jalouse
Oui c'est ça tout simplement jalouse
Je suis jalouse*

Je mange toute seule au chinois
C'est pratique c'est juste en bas
Je t'ai laissé y aller tout seul
Maintenant, je m'en mords les doigts

Il est bientôt 13 h 30
Tu t'empiffres comme un chancre
Elle te tenait par le ventre
Moi je rumine et ça fermente

Tu m'as dit, c'est trop dommage
Elle fait si bien la cuisine
Je lui ferais bien mon potage
À la nitroglycérine

La bile et le glutamax
Se chamaillent dans ma rate
Je me dis ça à chaque fois
Je ne mangerai plus chinois

*Oh oui je suis jalouse
Oui c'est ça tout simplement jalouse
Je suis jalouse*

Ton Adèle veut te revoir
Elle est libre plutôt le soir
Te parler de temps en temps
Sourions, serrons les dents

C'est vrai c'est assez normal
Je n'y vois pas d'inconvénient
Je ne vais pas faire un scandale
Pour vous deux c'est important

Mais c'est l'art de ma jalousie
De ne pas savoir te dire
Oui ça me fait un peu bizarre
Que vous vouliez vous revoir

Emily Loizeau, *L'autre bout du monde*, Fargo, 2005.

b) 👄 ***Pourquoi est-elle jalouse ? Et vous, dans quelles situations êtes-vous jaloux(se) ?
Un peu ? Beaucoup ? Terriblement ?***

à la découverte
de l'environnement

découvrir

Communication

- Demander/donner des informations et des explications
- Raconter des événements
- Présenter des résultats
- Débattre/approuver/s'opposer/ nuancer
- Justifier un choix

Outils linguistiques

- Le discours rapporté au présent
- Les comparatifs/superlatifs
- La cause/conséquence
- La nature
- Les catastrophes naturelles
- Les problèmes environnementaux
- Les voyelles nasales
- La consonne R
- Les préfixes négatifs

Cultures

- Le réchauffement climatique et ses conséquences
- La journée sans voiture
- L'écotaxe
- Le covoiturage

1] Paysages

Henri Rousseau, *Surpris*

👁 *Observez ces tableaux. Choisissez un tableau, décrivez-le à votre voisin qui doit le retrouver. Vous ne pouvez pas utiliser les mots suivants :* jungle, arbre, rivière, montagne, désert, campagne, lac, mer.

Exemple : Il fait froid, on doit s'habiller chaudement. Tout est blanc. On peut s'y promener à pied ou faire du ski. Quel est ce tableau ?

Maurice De Vlaminck, *Seine à Chatou*

René Magritte, *La Clé de verre*

Jean Léon Gerôme, *Vue de la plaine de Thèbes*

Pierre Bonnard, *Biches dans le sous-bois*

Claude Monet, *Les Meules au soleil, effet du matin*

Paul Cézanne, *Le Lac d'Annecy*

Paul Gauguin, *Paysage de Te Vaa*

2] La nature est en danger !

a) 👁 *Lisez ces titres de journaux qui parlent d'un problème écologique.*

1 Marée noire
sur les plages belges

2 Réchauffement de la terre
et fonte des glaciers

3 Le poisson de plus en plus rare
dans les eaux du lac Léman

4 Mobilisation pour nettoyer
les berges du Rhône

5 Des centaines d'hectares d'OGM*
cultivés dans le secret

6 Un quart
de la forêt amazonienne
détruite

7 Le désert avance

8 Les feux ont détruit plus
de 1500 hectares de forêt

*OGM : Organisme Génétiquement Modifié

b) ✏ *Associez chaque titre à un tableau.*

Titre	1	2	3	4	5	6	7	8
Tableau	H							

c) 🎧 *Écoutez et associez chaque reportage à un titre de journal.*

Reportage	A	B	C	D	E	F	G	H
Titre	1							

Activité CE 11

4 analyser et pratiquer

3] Rapporter les paroles de quelqu'un

a) 🎧 *Le journaliste de l'émission de radio « À vous la parole » rapporte les questions et les commentaires des auditeurs à une spécialiste de l'environnement. Écoutez et notez dans quel ordre passent les auditeurs.*

Nina, de Strasbourg, vous demande si c'est dangereux pour la santé de consommer des OGM. **1**

Malika, de Lyon, demande ce qu'on peut faire pour lutter contre le réchauffement de la planète.

Paul, de Nantes, nous annonce que ses enfants et lui ont participé au nettoyage d'une plage et il demande pourquoi le gouvernement n'impose pas ce genre d'action.

Didier, d'Angers, demande de supprimer tous les sacs en plastique dans les commerces.

Nicole dit que le manque d'eau va être le problème majeur des années à venir.

Maxime, de Toulouse, s'inquiète pour ses arrière-petits-enfants. Il se demande quelle terre il leur laissera.

Maud, de Marseille, pense qu'il fallait prendre des mesures avant et que nous sommes en retard par rapport aux pays du nord de l'Europe.

Patrick dit qu'il aimerait bien que tous les pays recyclent leurs déchets.

b) 👄 *Retrouvez les remarques ou les questions des auditeurs.*

Exemple : 1. Nina ➡ « Est-ce que c'est dangereux pour la santé de consommer des OGM ? »

c) 🎧 *La spécialiste de l'environnement répond à chaque auditeur. Écoutez et notez les réponses.* ▸ PG 16 〔Activité CE 2〕

Réponses à	
Nina	Personne ne sait, les études scientifiques ne permettent pas de le dire.
Malika	
Paul	
Maxime	
Patrick	
Maud	
Nicole	
Didier	

4] Nature

Discours rapporté

• Quand on rapporte les paroles de quelqu'un et que le verbe introducteur est au présent (*demander, dire, penser, croire…*), le verbe de la phrase rapportée ne change pas, sauf à l'impératif.

Impératif → de + infinitif

Ne jetez pas *vos ordures !*

➡ *Il dit **de ne pas jeter** ses ordures.*

• Quand on rapporte une question
Est-ce que → si

Est-ce que *la température augmente ?*

➡ *Il demande **si** la température augmente.*

Qu'est-ce que → ce que

Qu'est-ce que *je peux faire pour préserver l'environnement ?*

➡ *Elle demande **ce qu'**elle peut faire pour préserver l'environnement.*

a) 👁 *Observez ces mots. Choisissez-en cinq.*
Rajoutez un verbe, un adjectif et un adverbe.

Exemple : La banquise fond. La banquise polaire fond.
La banquise polaire fond lentement.

CLIMAT   soleil

Dune   ESPACE   environnement

ombre   vent   désert   arbres   forêt

tremblement de terre   volcan   terre   CHAMP

brouillard   banquise   mer mer mer mer

campagne   oiseaux   PAYSAGE

b) 👄 *Répondez à ces questions.*

Quel est le mot le plus facile à prononcer ? Le plus difficile ?
Le plus triste ? Le plus gai ?
Quel est le mot que vous supprimeriez ?
Quelle(s) couleur(s) pouvez-vous associez à ces éléments
de la nature ?

c) ✏ *Imaginez des titres de journaux avec ces mots.*

Exemple : Violent tremblement de terre au Japon.

d) ✏ *Développez un de ces titres.*

Exemple : Hier, il y a eu un violent
tremblement de terre à Tokyo au Japon.
Il était 4 heures de l'après-midi. Les gens
ont arrêté leur activité et sont sortis des
immeubles. Les automobilistes ont laissé
leur voiture dans la rue. Ils sont allés dans
les jardins, loin des constructions, pour se
protéger.

Activités CE 1, 12   Tâche FD 1

analyser et pratiquer

5] Comparatifs/superlatifs

a) 👁 *Observez ce tableau et ces exemples.*

Déchets municipaux collectés en kg/habitant

PAYS	1995	2000	2004
Allemagne	533	610	600
Autriche	438	581	627
Belgique	546	468	469
Espagne	510	662	662
France	489	531	514
Irlande	514	603	869
Luxembourg	592	658	668
Pays-bas	549	616	624
Pologne	285	306	256
Royaume-Uni	499	578	600
Slovénie	596	513	435
Suède	386	428	464

Source : Eurostat

Exemples : Les Français ont produit **plus de** déchets en 2000 **qu'**en 2004.
Les Polonais ont produit **moins de** déchets en 2004 **qu'**en 2000.
Les Allemands ont produit **autant de** déchets en 2004 **que** les Britanniques.
En 2004, ce sont les Irlandais qui ont pollué **le plus**.
En 2004, ce sont les Polonais qui ont pollué **le moins**.

b) ✎ *Que remarquez-vous quand on utilise plus de/moins de/autant de ?*

c) ✎ *Faites d'autres comparaisons entre les pays comme dans les exemples.*

d) 👄 *Comparez les avantages et les inconvénients des éléments suivants.*

Exemple : 4x4/vélo ➡ Un vélo pollue moins qu'un 4x4. C'est le 4x4 qui pollue le plus.
Un 4x4 peut transporter plus de personnes qu'un vélo.

1. douche/bain
2. énergie solaire/énergie nucléaire
3. énergie hydraulique/énergie éolienne
4. bus/voiture personnelle
5. taxi voiture/taxi moto
6. légumes frais/légumes surgelés
7. TGV/avion
8. verre/plastique

> PG 5, 6 Activité CE 4

6] Sondage

a) 👄 ***Choisissez une question. Posez-la aux autres étudiants de la classe.***

Qu'est-ce que vous aimez le plus/le moins quand vous êtes
– à la mer ?   – dans le désert ?
– à la montagne ?   – dans une forêt ?
– à la campagne ?   – au bord d'une rivière ?
– dans une ville ?   – sur une île ?
Qu'est-ce qui est inoubliable ? Insupportable ?

b) 👄 ***Faites le bilan des réponses obtenues.***

Exemple : J'ai posé la question : « Qu'est-ce que vous aimez le moins quand vous êtes à la mer ? »
J'ai interrogé … personnes. Ce qu'ils aiment le moins, ce qui est insupportable pour la plupart des personnes interrogées, c'est le monde sur la plage !

7] Voyelles nasales

a) 🎧 ***Écoutez. Chaque mot a une voyelle nasale. Laquelle ?***

Exemple : montagne

	1	2	3	4	5	6	7	8
[ɔ̃]	X							
[ã]								
[ɛ̃]								

b) 🎧 ***Écoutez. Il y a plusieurs nasales dans chaque mot. Lesquelles ?***

Exemple : continent

	1	2	3	4	5	6	7	8
[ɔ̃]	X							
[ã]	X							
[ɛ̃]								

c) 👄 ***Par deux, retrouvez les mots de la nature qui comportent des voyelles nasales. Dites-les à haute voix.***

Exemple : volcan

Activités CE 5, 7

Le comparatif / le superlatif

On utilise le comparatif pour marquer un rapport de supériorité, d'infériorité ou d'égalité entre deux éléments.

*Je mange **plus de/moins de/autant de** fruits **que de** gâteaux.*

On utilise le superlatif pour placer un élément au sommet ou au bas d'une échelle de valeur.

le plus
le moins

Superlatif avec un adjectif
*C'est l'eau **la plus/la moins** propre.*
*C'est le lac **le plus/le moins** pollué.*
*Ce sont les déchets **les plus/les moins** toxiques.*
*C'est le désert **le plus** aride.*
*C'est la région **la moins** humide.*
*C'est la voiture **la plus** économique.*
*Ce sont les voitures **les plus** polluantes.*

Superlatif avec un verbe
*Ce sont les voitures qui polluent **le plus/le moins**.*

Superlatif avec un adverbe
*C'est la plante qui pousse **le plus/le moins** vite.*

Superlatif avec un nom
*C'est la voiture qui émet **le plus/le moins** de CO_2.*

Voyelles nasales

En français il y a 3 voyelles nasales :
[ɔ̃] ➡ la m**on**tagne
[ã] ➡ c'est une gr**an**de p**en**te.
[ɛ̃] ➡ le p**in** – att**ein**dre – cr**ain**dre – r**ien** – **un**
an, en, on, in + p/b ➡ am, em, om, im
campagne – tremblement – ombre – imposer

Préfixe *in-*

Préfixe *in-* à valeur négative :
À l'oral
in + consonne = [ɛ̃]
in + voyelle = [in]
À l'écrit
in + p / b ➡ im
connu/inconnu
utile/inutile
possible/impossible

8 | Cause/conséquence

a) 👄 *Répondez et reformulez comme dans l'exemple.*

Exemple : Pourquoi coupe-t-on les arbres ? **Parce qu'**on veut faire des routes.
On veut faire des routes **donc** on coupe des arbres.

1. Pourquoi les poissons disparaissent-ils ?
2. Pourquoi les glaces fondent-elles ?
3. Pourquoi le désert avance-t-il ?

4. Pourquoi les rivières et les mers sont-elles polluées ?
5. Pourquoi y a-t-il de plus en plus de feux de forêt ?
6. Pourquoi les agriculteurs cultivent-ils des OGM ?

> PG 7

b) ✏️ *Quelles sont les conséquences de ces actions ? Associez les actions aux conséquences.*

ACTIONS	CONSÉQUENCES
Exemple : On éteint la lumière quand on sort d'une pièce ●	● donc on ne gaspille pas le verre.
1. On roule plus lentement ●	● donc on ne gaspille pas l'eau.
2. On achète un faux sapin de Noël ●	● donc on consomme moins d'essence.
3. On n'utilise pas d'aérosols ●	● **donc on fait des économies d'électricité.**
4. On donne ses bouteilles à recycler ●	● donc on n'utilise pas trop de sacs en plastique.
5. On emporte les restes de son pique-nique avec soi ●	● donc on coupe moins d'arbres.
6. On utilise les transports en commun ●	● donc on préserve la nature.
7. On fait ses courses avec un panier ●	● donc on ne pollue pas l'air.
8. On ferme le robinet quand on se brosse les dents ●	● donc on n'agrandit pas le trou dans la couche d'ozone.

Activités CE 9, 10 | Tâche FD 2

c) 👁 *Lisez le texte et dites quelle décision a prise l'auteur de Harry Potter et ce que souhaite Greenpeace.*

Les maisons d'édition publient des milliers de livres chaque année... et pour cela, il faut beaucoup de papier. Par exemple, le sixième tome des aventures de *Harry Potter*, tiré à 10 millions d'exemplaires, a nécessité l'utilisation de 2 000 tonnes de papier ! <u>Alors</u>, son auteur, J. K. Rowling, a pris la décision d'imprimer une version de son livre sur du papier FSC[1], c'est-à-dire du papier recyclé qui est fait de chiffons, de cartons ou de papiers récoltés lors du tri sélectif. Greenpeace a contacté les éditeurs français pour les convaincre de faire la même chose, mais la majorité pense que le papier recyclé est moins agréable à regarder que le papier habituel. Pourtant, le papier recyclé n'est pas plus cher et son utilisation est une bonne action pour la planète. Greenpeace a aussi contacté les éditeurs de livres scolaires : il faut qu'ils les impriment sur papier recyclé <u>car</u> c'est un moyen d'intéresser les enfants ou les adolescents aux problèmes posés par l'utilisation du papier.

1. FSC (*Forest Stewardship Council*) : label créé en 1992 qui indique qu'un papier est issu de forêts à gestion durable où l'on replante des arbres.

d) 👄 *Dites ce qu'expriment les deux mots soulignés : cause ou conséquence ?*

e) ✏ *À l'aide du texte, complétez les phrases suivantes par alors ou car.*

Exemple : Les maisons d'édition utilisent beaucoup de papier car elles publient des milliers de livres chaque année.

1. On a utilisé 2000 tonnes de papier _____ la maison d'édition a publié 10 millions d'exemplaires du sixième tome de *Harry Potter*.
2. L'association Greenpeace aimerait que les éditeurs français utilisent du papier FSC _____, elle a essayé de les convaincre.
3. Beaucoup d'éditeurs français ont refusé d'utiliser le papier FSC _____ ils pensent que le papier recyclé est moins agréable à regarder.
4. L'association Greenpeace aimerait intéresser les enfants et les adolescents aux problèmes posés par l'utilisation du papier. _____, elle a contacté les éditeurs de livres scolaires.

9] La consonne R

a) 🎧 *Écoutez et répétez les mots en R.*

R en position finale : Nature – Voiture – Effet de serre – Terre – Mesure – Température – Atmosphère – Nucléaire

R en position initiale : Récupérer – Réchauffer – Réglementer – Risques – Radioactivité – Respecter – Ramassage – Renouvelé

Plusieurs R : Produire – Ordure – Arbre – Propre – Recherche – Territoire – Carburant – Préserver – Récupérer

b) 👄 *Faites des phrases. Utilisez le plus de mots possibles en R. Dites-les à voix haute.*

Exemple : Pour respecter la nature, les arbres, nous devrions prendre des mesures.

10] Vivre dans les arbres

a) 👁 *Observez cette photo. Pourquoi cet homme est-il dans les arbres ? Faites des hypothèses par groupes. Y est-il par choix ? Par obligation ? Par nécessité ? Échangez.*

b) 🎧 *Écoutez ce reportage et vérifiez vos hypothèses.*

11] Il faut choisir !

A VOUS DE CHOISIR

PRÉSERVER ou DÉTRUIRE !

a) 👄 *Quels sont les gestes, les actions que vous faites dans la vie quotidienne qui détruisent la nature ?*

Exemple : Je détruis la nature quand j'utilise des sacs en plastique.

Activité CE 3   Tâche FD 3

b) 👄 *Imaginez les dix commandements du protecteur de la nature.*

Exemple : 1. Je trierai mes ordures. 2. _____

12 | Une journée sans voiture

a) **Observez les dessins, décrivez-les et dites quel est le message que l'auteur veut faire passer. Aidez-vous des questions.**

1

Que se passe-t-il ?
Que ressentent les conducteurs ?
À quoi pensent-ils ?

À votre avis, vont-ils changer leurs habitudes ?
Pourquoi ?
Que peut leur apporter la journée sans voiture ?

Que fait la voiture ?
À quel animal vous fait penser la bouche
3 de la voiture ?
Pourquoi ?

Que peut-on en déduire ?

2

Qu'est-ce que les
deux hommes ont
autour du cou ?
À quoi ressemblent les
voitures ? Pourquoi ?
Et les hommes, à quoi
ressemblent-ils ?
Que pensent-ils ?

Est-ce la réalité ?
Pourquoi ?

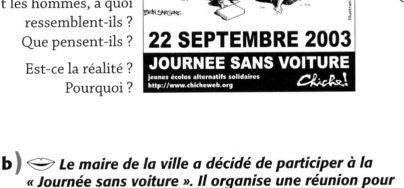

▶ **Approuver**
Je suis (tout à fait) d'accord avec vous !
Oui, c'est (tout à fait) vrai !
Vous avez (entièrement) raison.
Je pense (vraiment) la même chose que vous !

▶ **S'opposer**
Je ne suis pas (du tout) d'accord avec vous !
Non, c'est (archi)faux !
Vous avez (complètement) tort.
Je pense (tout à fait) le contraire.

▶ **Nuancer**
(Dans la réalité), c'est (beaucoup)
plus compliqué que ça…
(En réalité), ce n'est pas aussi simple que cela…
Il faut être (beaucoup) moins catégorique,
plus nuancé !
Oui…mais…

b) **Le maire de la ville a décidé de participer à la « Journée sans voiture ». Il organise une réunion pour présenter son projet et demander l'avis de ses concitoyens. Choisissez un personnage et jouez le débat en vous aidant du tableau ci-contre.**

un(e) élu(e) de la ville	un(e) journaliste
un(e) écologiste	un usager des transports en commun
un routier	un piéton
un chauffeur de taxi	un(e) cycliste
un médecin	une mère avec de jeunes enfants

▶ **PG 18** **Activité CE 8**

13] Deux moyens de sauver la planète

a) 👁 *Lisez ces deux documents.*

L'écotaxe payer pour nos déchets électroniques

Pour tous les appareils qui produisent des déchets électroniques, une écotaxe est prélevée depuis novembre 2006 pour financer le recyclage de ces déchets. Le montant de cette écoparticipation sera indiqué en bas de chaque facture pendant les cinq prochaines années. Cela responsabilisera les consommateurs au moment de l'achat. Les producteurs devront créer des éco-organismes pour gérer complètement le cycle de retraitement des déchets.

➤ **Combien payons-nous ?**
Le montant de l'écoparticipation est fixé par l'éco-organisme. D'autres critères permettent d'évaluer le coût et le volume de matières à recycler : le poids du produit, la contenance d'un réfrigérateur, ou la diagonale d'un écran de télévision par exemple.

➤ **Reprise des produits électroniques par les distributeurs**
Grande nouveauté également : l'obligation de reprise des produits électroniques et électroménagers par les distributeurs. En effet, vous ne serez plus obligés de visiter la décharge municipale pour vous débarrasser de votre réfrigérateur ou micro-ordinateur usagé : les distributeurs seront dans l'obligation de vous le reprendre si vous leur rapportez. Les communes mettront en place, petit à petit, de nouveaux moyens de tri sélectif consacrés au recyclage des déchets électroniques.

➤ **Qu'en pensent les consommateurs ?**
« *Globalement, les réactions sont plutôt positives,* explique le directeur d'un grand magasin ; *au moins, il y a une volonté de transparence. Les consommateurs voient directement combien ils payent. Depuis quelques mois, nous constatons que les gens rapportent de plus en plus leurs anciens appareils, surtout pour le petit électroménager.* »

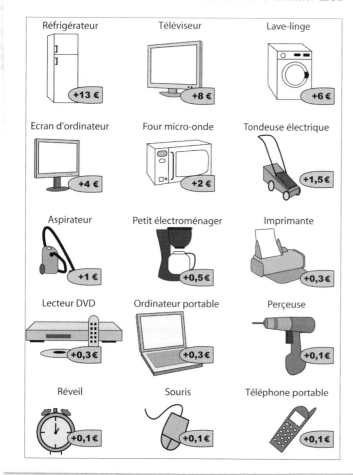

Réfrigérateur +13 € · Téléviseur +8 € · Lave-linge +6 €
Ecran d'ordinateur +4 € · Four micro-onde +2 € · Tondeuse électrique +1,5€
Aspirateur +1 € · Petit électroménager +0,5€ · Imprimante +0,3 €
Lecteur DVD +0,3€ · Ordinateur portable +0,3€ · Perçeuse +0,1€
Réveil +0,1€ · Souris +0,1€ · Téléphone portable +0,1€

Le covoiturage se développe en France

Je recherche un conducteur   +   Je recherche des passagers   =

Le covoiturage en chiffres

1,3 Le nombre de passagers par voiture aux heures de pointe autour des villes en France.

5% La part du covoiturage dans les trajets domicile-travail quand il n'y a pas de transport collectif organisé par l'entreprise ou la municipalité.

Pourquoi le covoiturage doit-il être développé ?

Le covoiturage a de nombreux avantages. Il permet de diviser le coût du transport par le nombre de passagers et en plus, on utilise moins de carburant. Il y a donc moins de voitures qui circulent, moins d'embouteillages... Le covoiturage rend service aux personnes qui vivent dans des zones éloignées des transports en commun. D'autre part, les grèves à répétition, le prix du pétrole qui augmente, mais également un désir de convivialité poussent les automobilistes à changer de comportement.

Les Français se tournent vers des **modes de transports plus écologiques et plus économiques.** Les collectivités locales prennent également conscience des avantages du **covoiturage.**

Activité CE 6   Tâche FD 4

b) 🗫 *Faites deux groupes. Le groupe 1 travaille sur « l'écotaxe », le groupe 2 sur « le covoiturage ». Chaque groupe présente son texte, l'autre groupe pose des questions.*

c) ✐ *Quel moyen pour sauver la planète préférez-vous ? Pourquoi ? Aidez-vous du texte pour justifier votre réponse.*

4 à lire à dire

a) 🎧 *Écoutez et lisez.*

À la découverte du désert

La nature nous apprend la sagesse.

Le Sahara nous enseigne à ne pas gémir[1], à ne pas parler inutilement.

Les mots inutiles nous intoxiquent.

Le Sahara est solennel, c'est un monde à part où la flore, la faune demeurent en vie par des grâces[2] d'adaptation étonnantes. Le désert, a priori, c'est le globe sans terre végétale, sans humus et sans trace d'activité humaine. Il ressemble, pourrait-on dire, à la Terre avant l'homme ou à son devenir si l'homme décide son suicide universel. Il nous donne la notion de l'immensité du temps, de l'éternité. L'être humain ne ressent plus son existence comme un éclair sur la Terre.

Le désert est un éducateur sévère qui ne laisse passer aucune faiblesse.

Le désert, c'est aussi l'apprentissage de la soustraction. Deux litres et demi d'eau par personne et par jour, une nourriture frugale[3], quelques livres, peu de paroles.

J'ai eu la chance de rencontrer le désert, ce filtre, ce révélateur. Il m'a façonné, appris l'existence. Il est beau, ne ment pas, il est propre. C'est pourquoi il faut l'aborder avec respect. Il est le sel de la Terre et la démonstration de ce qu'ont pu être la naissance et la pureté de l'homme lorsque celui-ci fit ses premiers pas d'Homo erectus.

Au désert, on apprend l'existence simple. On retrouve l'origine de cette vie venue il y a trois milliards d'années sous une forme très modeste...

Théodore Monod, *Pèlerin du désert*,
© Le Cherche midi éditeur.

_____

1. gémir : se plaindre, pleurer. – 2. grâces : ici, miracles. – 3. frugale : simple.

b) 👄 *Récitez à plusieurs voix, une phrase par étudiant.*

Aux arbres citoyens

a) 🎧 *Écoutez.*

1 Le ciment dans les plaines
Coule jusqu'aux montagnes
Poison dans les fontaines,
Dans nos campagnes

2 De cyclones en rafales
Notre histoire prend l'eau
Reste notre idéal
« Faire les beaux »

8 Plus le temps de savoir à qui la faute
De compter sur la chance ou les autres
Maintenant on se bat
Avec toi moi j'y crois

7 C'est vrai la Terre est ronde
Mais qui viendra nous dire
Qu'elle l'est pour tout le monde...
Et les autres à venir...

Puisqu'il faut changer les choses
Aux arbres citoyens !
Il est grand temps qu'on propose/s'oppose
Un monde pour demain !

3 S'acheter de l'air en barre
Remplir la balance :
Quelques pétrodollars
Contre l'existence

6 Faire tenir debout
Une armée de roseaux
Plus personne à genoux
Fait passer le mot

4 De l'équateur aux pôles,
Ce poids sur nos épaules
De squatters éphémères...
Maintenant c'est plus drôle

5 Aux arbres citoyens
Quelques baffes à prendre
La veille est pour demain
Des baffes à rendre

b) 👄 *Cette chanson reprend le refrain*
« Aux armes citoyens » de La Marseillaise,
hymne national de la France écrit
pendant la Révolution. Il incitait
les Français à lutter pour la République.
Échangez avec votre voisin. Répondez
aux questions.

- Qu'est-ce que le chanteur demande
  dans cette chanson ?
- Que faut-il changer ?
- Que peut-on proposer pour demain ?

Yannick Noah, © 2006, PRK MUSIC
Paroles : C. Tarquiny – Musique : C. Battaglia

à la découverte
de la consommation

Communication

- Analyser une publicité
- Produire des slogans
- Faire des hypothèses
- Exprimer ses objectifs
- Donner son avis
  sur la consommation

Outils linguistiques

- Le conditionnel présent
- L'expression du but
- L'expression de l'hypothèse
  dans le futur/dans le présent
- Le e instable
- La langue orale
- Le français standard
  et le français familier
- L'intonation
- Le luxe
- Les dépenses au quotidien

Cultures

- La publicité
- L'argent
- La mode
- Le troc
- Les marques
- Les soldes

découvrir

1] Publicités

a) 👁 *Observez ces images.*

b) 👄 *Pour chaque image, associez deux mots de la liste suivante (un mot peut être utilisé plusieurs fois).*

la pauvreté	le commerce équitable	l'élégance	la surconsommation
le luxe	l'environnement	la nourriture	anti-pub
la technologie	le gaspillage	le bricolage	le goût
un mendiant	le recyclage	une grande surface	l'écologie

Mots	1	2	3	4	5	6	7	8
				anti-pub la surconsommation				

5

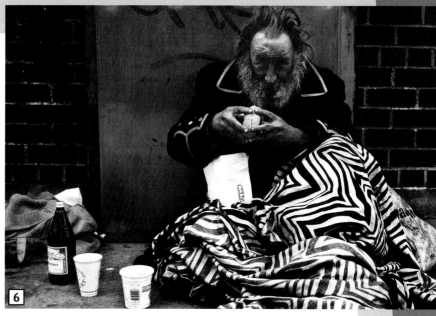

6

ICI POINT TRI

CITEC ENVIRONNEMENT, ECO EMBALLAGES ET POLLUTEC
PARTENAIRES POUR L'OPERATION COLLECTE SELECTIVE

↓   ↓   ↓

PAPIER / CARTON   VERRE   AUTRE

Pollutec   CITEC   ECO EMBALLAGES

7

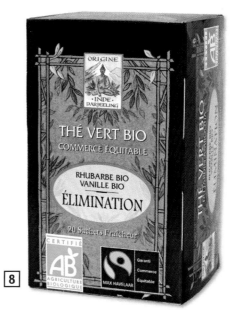

8

c) 🎧 *Écoutez les slogans et associez-les à une image.*

Slogan	1	2	3	4	5	6	7	8
	8							

d) 👄 *Par deux, choisissez parmi ces huit images celles que vous associez au LUXE. Justifiez votre choix.*

e) 👄 *Et dans votre pays, quels sont les symboles du luxe ?
Quels objets sont considérés comme luxueux ?*

UNITÉ
5 analyser et pratiquer
2] L'argent au quotidien

a) 🎧 *Écoutez et associez l'image correspondant à chaque enregistrement.*

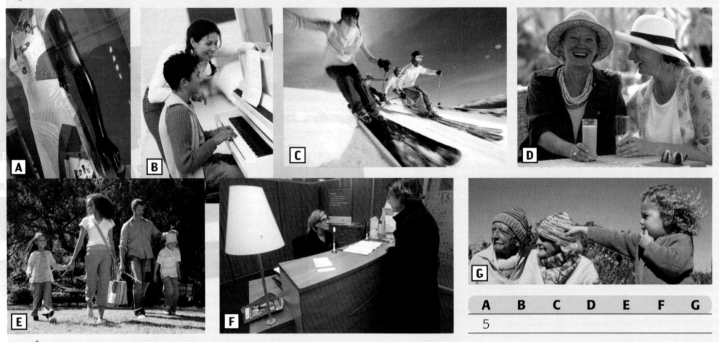

A	B	C	D	E	F	G
				5		

b) ✎ *Écoutez à nouveau et écrivez les phrases qui correspondent à chaque image.*
Dites ce qui est exprimé.

	Image A	Image B	Image C	Image D	Image E	Image F	Image G
Phrase entendue	Pourriez-vous me montrer la petite robe en vitrine ?						
Qu'est-ce qui est exprimé ?	Une demande polie						

c) ✎ *Classez ces verbes en trois groupes.*

finiront — faisaient — pourrez — serait — aurez — ferai — aviez — finiriez — devrait — partais — devra
ferions — serons — auraient — pouvaient — étions — finissais — partiriez — devait — pourrais — partiras

Futur	**Imparfait**	**Conditionnel**
finiront	finissais	finiriez
...	...	...

d) ✎ *Observez ce classement : comment se construit le conditionnel ?*

Activité CE 1a

e) ✒ ***Mettez les verbes entre parenthèses au conditionnel.***

Je pense qu'on (pouvoir) _____ lutter contre la sur-consommation. On (faire) _____ une grève générale de la consommation ! Nous, les consommateurs, (refuser) _____ d'acheter ! On n'(acheter) _____ que le mini-mum ! D'abord, chaque commerçant (être) _____ choqué, puis le gouvernement (réagir) _____. En effet, que (deve-nir) _____ un pays qui ne consomme pas ? Les publicitai-res (augmenter) _____ leurs annonces, nous ne (regarder) _____ pas les promotions, nous (jeter) _____ les publicités mises dans nos boîtes aux lettres…
Peut-être que cela (faire) _____ réagir ceux qui ne se ren-dent plus compte de la surconsommation de notre monde ?

Activités CE 1b, 1c

f) 👄 ***Jeu de rôles. Par deux, choisissez une de ces situations. Réfléchissez à un dialogue. Utilisez le conditionnel puis jouez la scène.***

Situation 1 : un(e) vendeur(euse) très poli(e) et un(e) client(e) dans un magasin de chaussures.

Situation 2 : un moniteur d'auto-école conseille son élève qui passe le permis de conduire pour la troisième fois.

Situation 3 : deux amis discutent de leurs vacances idéales.

▶ PG 11 Activité CE 1d

3] Langue familière

a) 🎧 ***Écoutez et retrouvez les phrases en langue standard et les phrases en langue familière.***

	exemple	1	2	3	4	5	6	7	8	9	10
standard											
familière	X										

b) 🎧 ***Écoutez ces phrases en langue familière. Écoutez à nouveau et transformez-les en langue standard.***

Exemple : Ce n'est pas arrivé !

1. _____   5. _____
2. _____   6. _____
3. _____   7. _____
4. _____   8. _____

Activité CE 2 Tâche FD 1

Conditionnel présent

Formation

Radical du futur + terminaisons de l'imparfait

J'achèter + **ais**
Tu gagner + **ais**
Il/elle/on épargner + **ait**   } [ɛ]
Ils/elles/ emprunter + **aient**
Nous aur + **ions**
Vous ser + **iez**

Emploi

- une proposition, une suggestion : *On pourrait partir ?*
- un conseil : *Tu devrais faire attention !*
- un souhait : *J'aimerais prendre des vacances.*
- une demande polie : *Je voudrais un café, s'il vous plaît.*

La langue familière

On l'utilise avec les proches (famille, amis, etc.).

Caractéristiques

- Vocabulaire familier
Un mec au boulot
- Suppression du *ne* de la négation
J'aime pas !
- Contractions de syllabes
Y'a foule !
- Nous ➡ on
On fait quoi ?
- Prononciation moins standard avec un débit plus rapide
Je ne sais pas ➡ [ʃpa]

analyser et **p**ratiquer

4] **But**

a) 🎧 *Écoutez ces phrases.*
Qu'expriment-elles ? Quelles
expressions sont utilisées ?
Comparez les phrases.

C — Nous sommes là pour qu'elles perdent !!!

A — Je suis ici pour gagner à ce jeu !

B — Moi, je suis là dans le but de la soutenir !

b) ✏️ *Associez les éléments (il y a plusieurs réponses possibles).*

J'investis pour •

Je vends dans le but de •

J'économise mon argent pour que •

• devenir plus riche.
• ma femme et moi, nous puissions partir en voyage.
• tu puisses faire des études.
• gagner plus.
• rentabiliser mon capital.
• les enfants soient à l'abri du besoin plus tard.
• faire du profit.

c) 🎧 *Écoutez et complétez le tableau. Identifiez le but de chaque personne et l'expression utilisée.*

	Quel but ?	Expression
1. Mohamed	Se reposer	Pour
2. Arnaud		
3. Gwénael		
4. Katia		
5. Thierry		
6. Myriam		

d) ✏️ *Reliez les phrases avec l'expression entre parenthèses.*

Exemple : Cette femme est prête à tout. Elle veut réussir ! (*pour*)
➡️ Cette femme est prête à tout pour réussir !

1. Les Français recyclent de plus en plus. Ils veulent éviter le gaspillage. (*pour*)
2. Les jeunes pratiquent le troc. Cela leur permet de faire des économies. (*dans le but de*)
3. Je rentre tôt ! Tu pourras aller faire du shopping. (*pour que*)
4. Vous voulez recevoir un journal gratuitement ? Vous pouvez vous abonner sur le site www.lepetitjournal.com. (*pour*)

Activités CE 3a, b

e) 👄 *Complétez librement les phrases suivantes.*

Exemple : Je vendrai mon appartement pour acheter
une maison.

1. Il travaille davantage pour que ....
2. Lili prend les transports en commun pour ....
3. Nous vendons cette société dans le but de ....
4. Vous devriez faire des économies pour ....
5. Nous allons souvent faire les brocantes pour ....
6. Samantha souhaite investir pour que ....

▶ **PG 17** ▸ **Activité CE 3c**

L'expression du but

Pour, dans le but de suivis de l'infinitif
(un seul sujet dans la phrase)
Je joue pour gagner !
Il triche dans le but de gagner.

Pour que suivi du subjonctif présent (deux sujets différents dans la phrase)
*Je triche pour que **Noémie** perde !*

5] Que faire de votre argent ?

▶ *Con comme la lune* (familier)
= idiot, vraiment stupide

👁 *Remettez le texte ci-dessous dans l'ordre. Comparez avec votre voisin.*

Con comme la lune

200 000 dollars pour aller dans l'espace.

Si vous ne savez pas quoi faire de votre argent, le PDG de Virgin, lui, le sait : un petit tour dans l'espace.

1 N'ayez pas peur ! Richard Branson, milliardaire et propriétaire du groupe Virgin, a déjà réfléchi à votre cas et vous propose, pour la petite somme de 200 000 dollars, un voyage dans l'espace !

2 Vous aurez alors la chance de rencontrer d'autres hommes riches et malheureux, énervés jour et nuit par cette question, « Mais que faire de mon argent ? » et ce sera génial !

3 Vous avez gagné au loto, enterré un riche parent ou joué en Bourse, et vous vous retrouvez tout à coup avec 200 000 dollars. Vous ne savez pas quoi faire de cette fortune ?

4 Formidable oui… mais pas trop longtemps : le voyage ne durera en effet que… quinze minutes, juste le temps de s'envoler et de redescendre.

5 Il est donc clair que les gens qui s'inscrivent à ce genre de voyages sont vraiment cons… comme la lune.

6 Par exemple, parmi les inscrits, vous trouverez Bryan Singer, réalisateur de *Superman Returns*, Victoria Principal ou encore le designer Philippe Starck.

Ordre du texte	3					

6] Publicités à la télé

🎧 *Écoutez l'enregistrement et répondez aux questions suivantes.*

Ibrahim, 14 ans

1. À la télévision, Ibrahim aime bien :
☐ les émissions sportives.
☐ les publicités.
☐ les films d'action.
☐ le foot.

2. Qu'est-ce qu'il accepterait sans hésitation s'il était un footballeur célèbre et pourquoi ?

3. D'après Ibrahim, les célébrités font de la pub :
☐ pour gagner plus d'argent.
☐ pour que les téléspectateurs achètent.

4. La mère d'Ibrahim achète
☐ toujours   ☐ parfois   ☐ jamais
ce que son fils lui demande. Pourquoi ?

Tâche FD 2

analyser et pratiquer

7] Avec des *si*...

a) 👁 *Frédérique, Julie, Hervé et Christine discutent dans un bar. Lisez les phrases. Complétez le tableau.*

Julie : Si on va en Espagne, on ira à Barcelone, c'est sûr !

Hervé : Si on avait de l'argent, on prendrait l'avion ...

Frédérique : Si on part, on va aller en Espagne ?

Christine : Oui ! Si tu viens, je t'offre à boire, OK ?

			Temps du 1er verbe		Temps du 2e verbe
Frédérique	Si	+	Présent	+	Futur proche
Julie	Si	+		+	
Hervé	Si	+		+	
Christine	Si	+		+	

b) ✏ *Complétez les phrases suivantes avec le verbe entre parenthèses à la forme correcte.*

1. Si je vais au cinéma et qu'une personne trop grande s'installe devant moi, je (changer) _____ de place.
2. Si une inconnue t'offrait un cadeau, tu (être) _____ gêné ?
3. Si tes parents (devenir) _____ riches, ils continueraient à rêver ?
4. Si vous viviez à l'étranger, vous (apprendre) _____ la langue du pays.
5. Si je (hésiter) _____ entre deux paires de chaussures, je n'en prends aucune !
6. Si nous allons au restaurant, nous (partager) _____ l'addition !
7. Si ta sœur (réussir) _____ ce concours, elle sera célèbre !

c) 👄 *Répondez aux questions suivantes. Par groupe, comparez vos réponses.*

Exemple : Vous avez besoin d'argent liquide, qu'est-ce que vous faites ? ➡ Si j'ai besoin d'argent liquide, je vais chercher un distributeur de billets…

1. On vous vole de l'argent, qu'est-ce que vous faites ?
2. Vous regardez une publicité à la télé et vous avez une irrésistible envie de chocolat, qu'est-ce que vous faites ?
3. Vous vous apercevez que votre compagne/compagnon vous trompe, qu'est-ce que vous faites ?

d) 🎧 *Écoutez l'enregistrement. Écrivez ce que vous feriez à la place des personnes interrogées. Demandez à votre voisin s'il ferait comme vous.*

Exemple : Si j'étais lui, j'emprunterais de l'argent à mes parents…

1. _____
2. _____
3. _____
4. _____

Activités CE 4, 5

e) ✎ *Vous êtes le directeur/la directrice de l'établissement où vous apprenez le français. Vous avez de l'argent à investir, que décidez-vous ? Utilisez huit verbes différents.*

Si j'étais le/la directeur(trice), je _____

`Activité CE 6`

8] Lexique

✎ **Retrouvez les mots qui vont ensemble.**

| un multimillionnaire | payer | du fric | un clochard |

| demander l'aumône | consommer | dépenser |

| une économie | un achat | un économe | épargner |

| la pauvreté | troquer | des soldes | mendier |

| une braderie | du pognon | être fauché | une épargne |

| un radin | économiser | un mendiant | un avare |

| gaspiller | être plein aux as | un riche | échanger |

`➤ PG 12` `Activité CE 7`

9] e instable

a) 🎧 *Écoutez et cochez la case correspondante.*

	e prononcé	e non prononcé
1. Un gouvernement	X	
2. Au revoir		
3. Maintenant		
4. Tu le prends ?		
5. Oh ! Que ce mec est génial !		
6. Je t'aime Bruno.		
7. Elle va le voir ?		
8. Vous allez le garder ?		

b) 🎧 *Répétez ensuite les deux prononciations.*

Expression d'une hypothèse

Hypothèse dans le futur

Si + présent → impératif présent ou futur

L'action n'est pas réalisée, mais se réalisera peut-être.

Si on a des vacances, partons en Grèce !

Si j'ai le prêt, je te le dirai.

Si tu veux, je t'invite à manger.

Hypothèse dans le présent

Si + imparfait → conditionnel présent

L'action n'est pas réalisée et a très peu de chance de se réaliser.

Si je gagnais beaucoup d'argent, je dépenserais tout.

[œ]

Le [œ] n'est pas toujours prononcé, il est instable.

• Il se prononce au début de l'énoncé :

Ce garçon

• Il se prononce dans l'impératif :

Fais-le !

Finis-le !

• Il n'est pas prononcé en français familier.

Ce̶ garçon

Remarque : Il existe un « e » graphique qui ne se prononce pas.

Faire̶, économe̶, cette̶

c) 🎧 *Écoutez le texte suivant et barrez les « e » qui ne sont pas prononcés.*

Cette semaine, j'ai remarqué que tout le monde rêvait dans la classe... J'imagine que tous les étudiants pensaient à leurs prochaines vacances. C'est vrai que samedi nous allons nous séparer... J'aimerais tellement faire une pause moi aussi ! Sauf que faire des études à l'étranger, ça coûte cher ! Je n'ai pas le choix : je dois rester dans ma famille d'accueil et m'occuper des filles et du petit dernier... J'en profiterai pour les emmener au square faire du roller et, si le temps le permet, on pourra même aller se baigner ! `Activité CE 8`

10] À propos d'argent ...

a) 👄 *Par groupes de quatre, donnez votre avis sur les phrases suivantes. Faites un classement de la phrase la plus vraie à la moins vraie. Justifiez votre choix. Comparez vos réponses.*

1. L'argent ne fait pas le bonheur.
2. Les femmes préfèrent les hommes riches.
3. S'habiller avec des marques, c'est être chic !

4. Noël n'est qu'une fête commerciale.
5. L'argent n'a pas d'odeur.
6. Les bons comptes font les bons amis.

b) 🎧 *Écoutez un extrait de l'émission « Troc, Achat, Échange » de Radio Verte et complétez le tableau.*

	Demande
Message 1	Recherche des vieux magazines *Cuisine actuelle*. Troc ou achat.
Message 2	
Message 3	
Message 4	
Message 5	

c) 👄 *Par deux, imaginez le message que vous pourriez laisser.*

Activité CE 9

11] Annonces publicitaires

a) 👁 *Regardez ces deux publicités. Pour chacune d'elles, retrouvez la marque, le slogan et le produit.*

1 SWATCH STORE – 104 Avenue des Champs-Élysées – 75008 Paris

2

b) 🗣 *En petits groupes, observez les slogans suivants.*
D'après vous, pour quels produits ont-ils été créés ?

1 **Offrez-vous un homme**
à la peau belle et douce.

2 **En Norvège, plus il fait froid, plus on se frotte les mains.**

3 *Faire du ciel le plus bel endroit de la terre.*

4 Partageons les émotions en **haute définition**.

5 **Ne repassez plus au bureau, il est déjà dans votre poche.**

6 **Tous les légumes naturellement.**

7 **Ici la mer est bleue, les nuits sont blanches.**

8 **Éveil** de Lactel, **Grandir** ça se passe aussi dans la tête.

c) 🗣 *À vous ! Par groupes de trois ou quatre, vous allez créer une publicité.*
Voici quelques conseils.

– Choisissez d'abord un domaine : les voyages, les parfums, la téléphonie,
les aliments pour chiens, les voitures…
– Sélectionnez ensuite un produit.
– À qui s'adressera votre publicité : des enfants, des adultes, les deux ?
– Réfléchissez aux différents slogans possibles. Choisissez-en un bref et attirant.
– Où allez-vous placer votre slogan sur la page ?
– Le produit sera-t-il représenté par un dessin, une photo ?

d) 🗣 *Présentez votre publicité à la classe.*
Tâches FD 3, 4

5 vivre en français

12] Acheter

▶ **Pouvoir d'achat** : tout ce que l'on peut acheter avec un salaire.

a) 👁 *Observez ces deux documents. Échangez vos impressions avec votre voisin(e).*

Exemple : Pour moi, c'est vraiment incroyable que Paris arrive seulement à la 31e place !

Classement 2006 du pouvoir d'achat des principales villes du monde :

1. Zürich (Suisse)
2. Genève (Suisse)
3. Dublin (Irlande)
4. Los Angeles (États-Unis)
5. Luxembourg (Luxembourg)
8. Berlin (Allemagne)
9. Sydney (Australie)
14. Helsinki (Finlande)
16. Toronto (Canada)
17. Bruxelles (Belgique)
18. Montréal (Canada)
20. Londres (Royaume-Uni)
31. Paris (France)

Tableau de comparaison des prix en Belgique

Produit	1986	2006	Tendance
1 kg de pommes de terre	0,25 €	0,50 €	+ 100 %
Pain	1,05 €	1,90 €	+ 80 %
Une bière dans un bar	0,82 €	1,50 €	+ 81 %
200 g de café	2,52 €	2,14 €	− 21 %
1 l de lait entier	0,47 €	0,89 €	+ 89 %
1 kg d'oranges	0,97 €	1,66 €	+ 71 %
Un journal quotidien	0,47 €	1 €	+ 124 %
1 l d'essence super	0,60 €	1,183 €	+ 97 %
Un jeans	54,50 €	85 €	+ 56 %
Une place de cinéma	3,78 €	8 €	+ 113 %
Une télévision de 56 cm	693,83 €	129 €	− 438 %

b) 👄 *Et vous ? Combien dépensez-vous par jour ? Par mois ? Par an ?*
Dans votre pays, qu'est-ce qui est plus ou moins cher qu'ici ? À votre avis, pour quelles raisons ?

c) 👄 *Commentez ces images.*

d) 👄 *Attendez-vous les soldes pour vous faire plaisir ?*
Qu'achetez-vous pendant les soldes ? Comment ça se passe
dans votre pays ? Avez-vous déjà vécu la « folie » du premier
jour des soldes en France ? Racontez.

13] Mode

a) 👁 *Regardez ces photos. Que représentent-elles ?
Quel lien faites-vous entre la mode et la France ? Expliquez.*

Isabel Marant avec deux modèles
à un défilé.

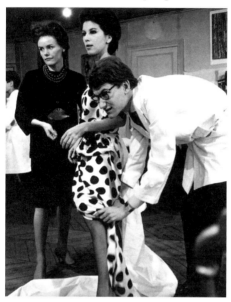

Yves Saint Laurent,
symbole de la haute couture.

Une boutique de la couturière
Anne Fontaine.

b) 👁 *Lisez le texte suivant.*

La mode française tirée par l'étranger

De la Bastille à Hongkong (...) la créatrice de mode Isabel Marant (...) s'apprête à ouvrir dans une quinzaine de jours son premier magasin à Hongkong sur le très chic Causeway Bay. Un grand bond en avant pour cette jeune marque, emblématique des bobos[1] parisiens. « Nous avons testé la vente de nos collections depuis un an en Chine chez un distributeur multimarques et ça commence à bien marcher », raconte Sophie Duruflé, directrice générale de cette entreprise (...). Pour Isabel Marant, l'export représente environ 60 % d'un chiffre d'affaires de 12 millions d'euros en 2005, dont 30 % vers l'Asie. (...)

Les produits fabriqués en Chine envahissent nos rayons ? Qu'à cela ne tienne. Petits et grands noms de la mode française n'hésitent plus à aller planter leur drapeau loin, parfois très loin, de leurs racines. Comme Isabel Marant, la spécialiste de la chemise haut de gamme[2], Anne Fontaine va ouvrir un magasin à Shanghaï cet automne. Le Marseillais Didier Parakian s'installe à Pékin. Des enseignes comme Etam, Le Breton, Saint James ou Montagut sont déjà très présentes en Chine. Peu à peu, la mode française prend le train de la mondialisation pour inverser la tendance. (...) Les pros[3] de la mode française sont donc repartis à l'offensive[4]. Les exportations sont particulièrement dynamiques avec certains de nos voisins (...) comme l'Espagne (+ 12 %), l'Italie (+ 13 %). L'Europe représente encore la majorité de nos ventes à l'extérieur. Celles-ci ont progressé de 5 % vers les États-Unis. Et elles sont particulièrement dynamiques vers de nouveaux marchés (...) comme Hongkong (+ 6 %), l'Arabie Saoudite (+ 26 %), la Pologne (+ 37 %), la Russie (+ 43 %) ou les Émirats arabes unis (+ 45 %).(...)

Source : www.lefigaro.fr

1. bobos : bourgeois bohèmes.
2. haut de gamme : de grande qualité.
3. pros : professionnels.
4. à l'offensive : à l'attaque.

c) 👄 *Connaissez-vous des marques françaises ? Lesquelles ? Sont-elles vendues chez vous ? Connaissez-vous, dans votre pays, des produits qui s'exportent ? Lesquels ? Pour quelles destinations ?*

à lire à dire

a) 🎧 *Écoutez et lisez ce texte.*

En ce temps-là, on mettait des photographies géantes de produits sur tous les murs, les arrêts d'autobus, les maisons, le sol, les taxis, les camions, les façades des immeubles en cours de ravalement, les meubles, les ascenseurs, les distributeurs de billets, dans toutes les rues et même à la campagne. La vie était envahie par des soutiens-gorge, des surgelés, des shampooings antipelliculaires et des rasoirs triple lame. L'œil humain n'avait jamais été autant sollicité de toute son histoire : on avait calculé qu'entre sa naissance et l'âge de 18 ans, toute personne était exposée en moyenne à 350 000 publicités. Même à l'orée des forêts, au bout des petits villages, en bas des vallées isolées et au sommet des montagnes blanches, sur les cabines de téléphérique, on devait affronter des logos « Castorama », « Bricodécor », « Champion Midas » et « La Halle aux Vêtements ». Jamais de repos pour le regard de l'*homo consommatus*.

Le silence aussi était en voie de disparition. On ne pouvait pas fuir les radios, les télés allumées, les spots[1] criards qui bientôt s'infiltreraient jusque dans vos conversations téléphoniques privées. C'était un nouveau forfait proposé par Bouygues Télécom : le téléphone gratuit en échange de coupures publicitaires toutes les 100 secondes. Imaginez : le téléphone sonne, un policier vous apprend la mort de votre enfant dans un accident de voiture, vous fondez en larmes et au bout du fil, une voix chante « Avec Carrefour, je positive ». La musique d'ascenseur était partout, pas seulement dans les ascenseurs. (…) Selon l'étude mentionnée plus haut, l'Occidental moyen était soumis à 4000 messages commerciaux par jour.

Frédéric Beigbeder, *14.99 €*, Éditions Grasset.

FRÉDÉRIC **BEIGBEDER**

€ **14.99 €**

roman

GRASSET

---

1. spots : publicités à la télévision.

b) 👄 *À votre avis, pourquoi l'auteur a-t-il écrit ce livre ?*

c) 👄 *Avec quelles phrases êtes-vous vraiment d'accord ?*
Avec quelles phrases n'êtes-vous pas vraiment d'accord ?

d) 🎧 *Écoutez et lisez cette bande dessinée.*

Maïtena, *Les Déjantées 1*, Éditions Métailié

e) 👄 *Par deux, jouez chaque scène et inversez ensuite les rôles vendeur(se)/client(e). Choisissez l'intonation idéale.*

à la découverte
de la **technologie**

découvrir

1] **Le robot, l'ami de l'homme ?**

Communication

- Parler du progrès
- Présenter/comparer des objets
- Échanger des points de vue
- Argumenter
- Justifier un choix

Outils linguistiques

- La forme passive
- Le gérondif
- La négation (*jamais/rien/personne/aucun*)
- Les suffixes/préfixes savants : *-logie/télé-*
- La description d'un objet : taille/forme/poids/matière/fonction
- Les nouvelles technologies
- Les consonnes
  - [s] / [z]
  - [p] / [b] / [v]

Cultures

- La robotisation
- Le téléchargement
- Le savoir-vivre
- Les innovations de demain
- Les nouvelles technologies dans le quotidien
- L'homme et le monde moderne

a) 👁 *Observez les images. Décrivez-les.*

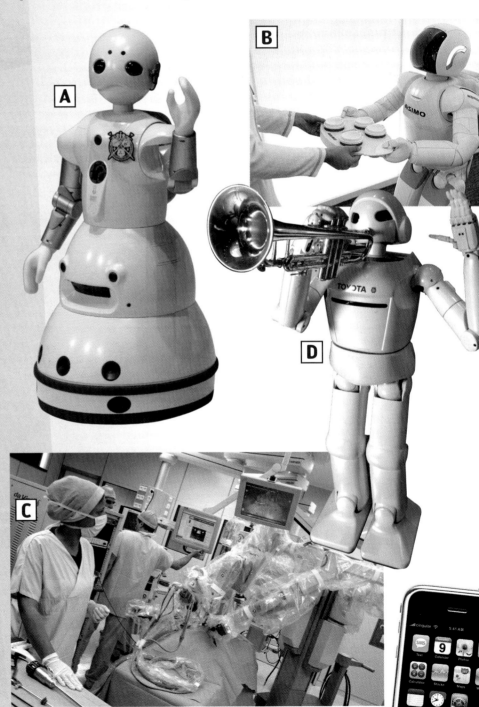

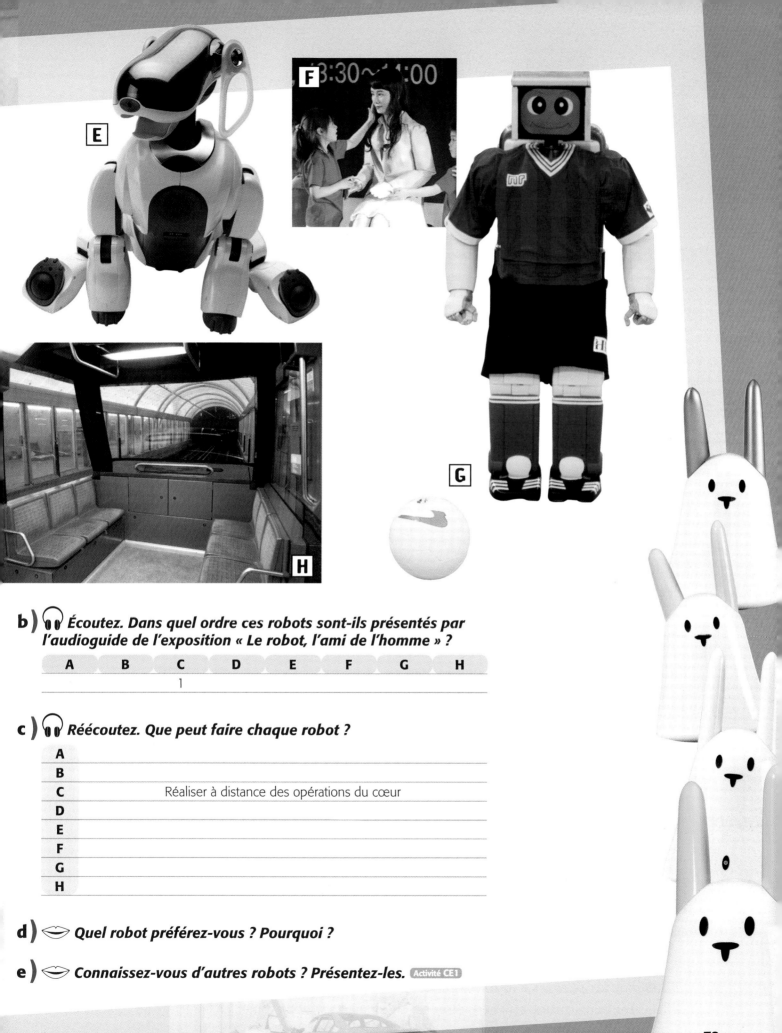

b) 🎧 *Écoutez. Dans quel ordre ces robots sont-ils présentés par l'audioguide de l'exposition « Le robot, l'ami de l'homme » ?*

A	B	C	D	E	F	G	H
		1					

c) 🎧 *Réécoutez. Que peut faire chaque robot ?*

A	
B	
C	Réaliser à distance des opérations du cœur
D	
E	
F	
G	
H	

d) 👄 *Quel robot préférez-vous ? Pourquoi ?*

e) 👄 *Connaissez-vous d'autres robots ? Présentez-les.* `Activité CE1`

6 analyser et pratiquer

2] Phrases actives/phrases passives

a) 👁 *Observez ces couples de phrases.*

> 1. Au XXIᵉ siècle, les scientifiques feront de plus en plus de robots.
> 2. Au XXIᵉ siècle, de plus en plus de robots seront faits par les scientifiques.

> 1. Un poste de commande contrôle le métro de la ligne 14.
> 2. Le métro de la ligne 14 est contrôlé par un poste de commande.

> 1. Les Coréens ont créé EveR-2.
> 2. EveR-2 a été créée par les Coréens.

> 1. Une entreprise japonaise a imaginé un robot domestique, Wakamaru.
> 2. Wakamaru, un robot domestique, a été imaginé par une entreprise japonaise.

> 1. Avant 2001, les médecins n'opéraient pas les patients à distance.
> 2. Avant 2001, les patients n'étaient pas opérés à distance par les médecins.

b) ✒ *Complétez le tableau.*

Forme active Verbes des phrases 1	Complément direct
feront	de plus en plus de robots
contrôle	
ont créé	
a imaginé	
n'opéraient pas	

Sujet	Forme passive Verbes des phrases 2
de plus en plus de robots	seront faits
	est contrôlé
	a été créée
	a été imaginé
	n'étaient pas opérés

c) 👄 *Dans les phrases 2, quel verbe retrouve-t-on toujours ? Que devient le complément direct ? Quelle préposition introduit le complément ?*

d) 👁 *Lisez ce texte.*

Dans un musée, l'audioguide est un petit appareil qui donne un complément d'informations sur les œuvres exposées. Les commentaires sont enregistrés par un comédien. Pour les écouter, il faut appuyer sur un bouton. La touche « pause » permet d'arrêter le discours et de prendre son temps pour regarder les œuvres présentées. Ainsi, chacun profite pleinement de sa visite à son rythme. Ces appareils sont utilisés par les aveugles qui profitent ainsi de l'art comme tout le monde. Les personnes sourdes qui veulent comprendre les œuvres peuvent elles aussi se faire plaisir avec une invention récente : le vidéo-guide. Cet appareil a été créé par une société privée en collaboration avec les musées. Il facilite la visite de monuments historiques comme le château de Versailles. Comment ça marche ? Un texte est traduit en langage des signes par un conférencier sourd. Ce dernier est filmé par un professionnel pendant une visite. Les vidéo-guides et les audioguides sont proposés à l'entrée par le personnel du musée.

e) ✒ *Soulignez les phrases à la forme passive. Mettez-les à la forme active.*

Exemple : Les commentaires sont enregistrés par un comédien. ➡ Un comédien enregistre les commentaires.

f) ✎ *Mettez ces phrases à la forme passive.*

Exemple : Ce robot a fait le ménage.

➡ Le ménage a été fait par ce robot.

1. Ce mini-ordinateur traduira vos documents en français.
2. Ce GPS a indiqué le chemin aux automobilistes.
3. Ce téléphone portable téléchargeait de la musique et des photos.
4. Cette console de jeux propose un contrôle parental.
5. Cet appareil photo numérique a stocké des centaines de photos.
6. Cette télécommande ouvrira et fermera les portes.
7. Ce baladeur MP3 peut contenir plus de deux cents chansons.
8. Cette clé USB va remplacer votre disquette.

PG 14 **Activités CE 2, 3**

3] Ils ont/ils sont

a) 🎧 *Écoutez et cochez le son entendu.*

Exemple : Ils sont allés au Salon des nouvelles technologies.

	1	2	3	4	5	6	7	8	9	10
Ils/elles ont										
Ils/elles sont	X									

b) 👄 *Répétez cette phrase de plus en plus vite.*

Ils ont hésité, ils ont osé, ils ont sauté, ils sont satisfaits.

4] Internet : utile, inutile ?

a) 🎧 *Écoutez. Qui parle ? Que pense chaque personne d'Internet ?
Quels sont leurs arguments ?*

	Personnes	Opinions	Arguments
Exemple	Un membre d'une association de consommateurs	Ce n'est pas une bonne chose.	Certains sites proposent des objets de contrefaçon. Attention au paiement par carte de crédit. Les objets commandés n'arrivent pas toujours.
1			
2			
3			
4			
5			
6			
7			
8			

b) 👄 *Et vous ? Que pensez-vous d'Internet ? Expliquez.*

Forme passive

On peut choisir de mettre en évidence celui qui fait l'action (forme active) ou celui qui la subit (forme passive).

Forme passive → ***Être** au temps du verbe de la forme active + participe passé de ce verbe*

Le complément direct devient sujet.

Le sujet devient complément précédé de ***par***.

• *Les jeunes **utilisent** Internet.*
  *Internet **est utilisé** par les jeunes.*

• *Les jeunes **utiliseront** Internet.*
  *Internet **sera utilisé** par les jeunes.*

• *Les jeunes **ont utilisé** Internet.*
  *Internet **a été utilisé** par les jeunes.*

• *Les jeunes **utilisaient** Internet.*
  *Internet **était utilisé** par les jeunes.*

• *Les jeunes **vont utiliser** Internet.*
  *Internet **va être utilisé** par les jeunes.*

5] Suffixe et préfixe pour les sciences

a) -LOGIE

👁 *Observez et retrouvez le nom de chaque science.*

Exemple : La science qui s'occupe de l'origine des mots s'appelle l'*étymologie*.

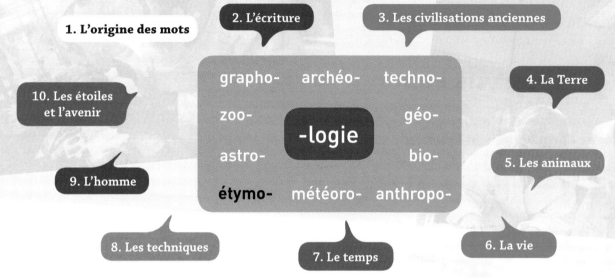

1. L'origine des mots
2. L'écriture
3. Les civilisations anciennes
10. Les étoiles et l'avenir
4. La Terre
9. L'homme
5. Les animaux
8. Les techniques
7. Le temps
6. La vie

grapho-   archéo-   techno-
zoo-   géo-
-logie
astro-   bio-
étymo-   météoro-   anthropo-

b) 👄 *Connaissez-vous le nom d'autres sciences ?*
Inventez des noms de sciences qui n'existent pas mais que vous aimeriez créer.

Exemple : La science des pommes de terre s'appelle la *patatologie*.

Activité CE 12   **Tâche FD2**

c) TÉLÉ-

La **télémédecine**, médecine à distance

Les nouvelles technologies de l'information sont aussi utilisées en médecine. On parle de « **télémédecine** ». Cela permet de transmettre des informations à distance (radios, dossiers ...). Depuis 2001, elle permet aussi des opérations à distance : grâce à la « **téléchirurgie** », un chirurgien aux États-Unis peut opérer un patient en France. Il manipule du matériel à distance grâce à des manettes reliées à un ordinateur.

✏ *Le préfixe « télé- » signifie « au loin ». Connaissez-vous ces objets ou ces pratiques ?*
Associez chaque définition avec le mot correspondant.

1. Les astronomes peuvent mieux voir les étoiles.
2. Le gardien observe les écrans pour la sécurité de l'usine.
3. On peut faire ses courses sans aller dans un magasin.
4. Les skieurs montent la pente jusqu'en haut de la montagne.
5. Le dessinateur envoie son travail depuis chez lui.
6. Les enfants la regardent trop !
7. Quatre chefs d'entreprises ne sont pas dans la même ville mais se voient et se parlent pour une réunion de travail.
8. Le photographe l'ajoute à son appareil photo pour grossir un détail.

a. Le téléachat
b. La téléconférence
c. La télécopie
d. Le téléobjectif
e. Le télescope
f. Le télésiège
g. La télésurveillance
h. La télévision

6] Gérondif

a) 🎧 *Écoutez et lisez ces messages. Où peut-on les entendre ? Répondez comme dans l'exemple.*

1. Mesdames et Messieurs, aujourd'hui nous vous proposons de multiplier par deux vos points de fidélité ! C'est le moment d'en profiter <u>en remplissant</u> vos chariots avec nos promotions !

supermarché

2. <u>En prenant</u> cette carte, vous avez le droit d'emprunter dix livres et cinq revues. Si vous voulez avoir accès aux DVD et aux CD-Rom, vous devrez payer un supplément.

3. Vous avez intérêt à prendre un abonnement à l'année ! Ça vous fait deux mois gratuits ! <u>En venant</u> trois fois par semaine, vous êtes sûr de perdre quelques kilos avant l'été !

4. <u>En présentant</u> cette carte, vous ne payerez plus vos médicaments.

5. Vous faites deux allers-retours par jour ? Oh, <u>en faisant</u> deux allers-retours par jour, il vaut mieux prendre une carte mensuelle. Ça vous coûtera moins cher.

6. Vous avez besoin d'argent pour payer vos études ? <u>En vous adressant</u> à notre conseiller financier, vous obtiendrez un prêt.

b) 👁 *Observez les verbes soulignés et complétez le tableau.*

Gérondif	Infinitif	« nous » du présent
en remplissant	remplir	nous remplissons

Que remarquez-vous ? ....

c) ✎ *Transformez la réponse en utilisant le gérondif.*

Exemple : Comment as-tu rencontré Marie ? – J'ai discuté sur un forum.

➡ J'ai rencontré Marie en discutant sur un forum.

1. Comment avez-vous acheté cet ordinateur ?
– J'ai participé à une vente aux enchères sur Internet.
➡

2. Comment a-t-elle trouvé son studio ?
– Elle a lu les petites annonces sur www.studio.be.
➡

3. Quand as-tu vu la pub pour le iPhone ?
– Je sortais du tram.
➡

4. Comment ont-ils pu lui offrir ce voyage ?
– Ils ont attendu les offres de dernière minute sur www.envol.com.
➡

5. Comment a-t-il pu apprendre si vite le français ?
– Il a pris des cours en ligne.
➡

6. Comment l'as-tu contacté ?
– Je lui ai envoyé un SMS.
➡

PG 13 **Activité CE 6**

7] Télécharger

a)  *Lisez.*

Les Français, champions du téléchargement illégal

Une étude a été menée auprès de 4 000 internautes en France, au Royaume-Uni et aux États-Unis. Plus d'un internaute sur deux (55 %) pratique le téléchargement de fichiers sur Internet (photos, musique, films, logiciels). En moyenne, une personne télécharge entre 53 et 73 fichiers par trimestre.

Parmi les internautes français adeptes du téléchargement, près d'un sur deux (49 %) a déjà acheté au moins une fois un contenu payant, une proportion qui monte à 66 % aux États-Unis.

La musique est en tête de liste des achats, loin devant les photos, les films et les logiciels.

Il reste que 85 % des téléchargements effectués en France sont illégaux, contre 80 % au Royaume-Uni et 75 % aux États-Unis. Les fichiers ont été échangés entre internautes au lieu d'être achetés, ce qui porte atteinte aux droits d'auteur.

Pourquoi télécharger illégalement ? Selon les auteurs de l'étude, les principaux freins à l'utilisation du téléchargement payant sont le prix des contenus, la faiblesse des catalogues disponibles et l'impossibilité d'écouter et/ou de regarder les contenus avant leur téléchargement.

À l'avenir, les professionnels sont convaincus que le téléchargement de fichiers sur Internet va augmenter. Les CD et DVD sont sérieusement menacés. Dans le domaine de la musique, il faudrait développer une offre forfaitaire* illimitée pour sauver ce secteur.

* une offre forfaitaire : une offre à un prix fixe.

b) *Cochez la bonne réponse. Justifiez.*

	Vrai	Faux
1. La moitié des internautes télécharge des fichiers sur Internet.	☐	☒
2. Un internaute télécharge plus de cinquante fichiers en moyenne par trimestre.	☐	☐
3. Les internautes français achètent autant de contenus payants que les internautes américains.	☐	☐
4. Les internautes achètent plus souvent de la musique que des films.	☐	☐
5. Les internautes français échangent plus de fichiers que les internautes américains.	☐	☐
6. Le prix des fichiers payants est intéressant.	☐	☐
7. Il n'est pas possible d'écouter et de regarder le contenu d'un fichier payant avant de le télécharger.	☐	☐
8. Il y aura de plus en plus de téléchargements.	☐	☐

c) *Et vous ? Avez-vous déjà téléchargé des fichiers ? Quelle(s) sorte(s) de fichiers ? Des fichiers payants ?*

`Activité CE 5` `Tâche FD1`

8] [b]/[v]

[b]	[v]
un robot	un lave-linge

Écoutez et notez les noms des inventions dans la bonne colonne.

`Activité CE 4`

9] Journée d'enfer

a) 🎧 Écoutez. Dans quel ordre entendez-vous ces phrases ?

1 Je ne veux plus vivre un jour comme celui-là !

☐ Je ne peux appeler personne.

☐ Je n'ai plus de connexion à Internet.

☐ Mon répondeur ne marche plus.

☐ Aucun de mes appareils ne marche.

☐ Je n'ai aucun message sur mon répondeur.

☐ Je n'ai jamais eu ce genre de panne.

☐ Je ne comprends rien à ce mode d'emploi.

☐ Personne ne m'a téléphoné.

☐ Rien ne marche correctement.

b) ✒ Soulignez les différentes formes de la négation. Qu'observez-vous ?

c) 👄 Faites le maximum de phrases négatives au présent et au passé composé avec les verbes **manger, boire, connaître, faire, attendre, aimer, penser, rêver.**

Exemple : Comprendre

Présent ➡ Je ne comprends pas ce message. Je ne comprends jamais. Je ne comprends rien à ce message. Je ne comprends plus. …

Passé composé ➡ Je n'ai pas compris ce message. Je n'ai jamais compris. Je n'ai rien compris à ce message. Je n'ai plus compris. …

Gérondif

En + radical du nous du présent + -ant

Nous parlons ➡ **en parlant**

Nous choisissons ➡ **en choisissant**

Nous tenons ➡ **en tenant**

Exceptions

Être ➡ **en étant**

Avoir ➡ **en ayant**

Savoir ➡ **en sachant**

Il a le même sujet que le verbe de la proposition principale. Il exprime le temps, la manière.

On ne téléphone pas **en conduisant**.

Elle répond **en criant**.

Négation

– *Tout le monde t'a répondu ?*

– *Non,* **personne ne** *l'a fait.*

– *Tout est réparé ?*

– *Non,* **rien n'**est réparé.

– *Toutes les piles sont chargées ?*

– *Non,* **aucune** *(pile)* **ne** *l'est.*

– *Tu as vu quelqu'un ?*

– *Non, je* **n'**ai vu **personne**.

– *Tu prends quelque chose ?*

– *Non, je* **ne** *veux* **rien**.

– *Tu as des messages ?*

– *Non, je* **n'**en ai **aucun**.

– *Tu as encore un téléphone fixe ?*

– *Non, je* **n'**en ai **plus**.

PG 18 • Activité CE 11

d) 👁 Lisez. De qui parle le chat ? Êtes-vous d'accord avec lui ?

6 communiquer

10] Objets d'hier et d'aujourd'hui

a) 👄 *Par deux, choisissez un objet. Décrivez-le (taille/forme/fonction).*
Comment faisait-on sans cet objet avant ? Inventez une autre utilisation.

Exemple : A ➡ C'est un objet en plastique et en métal. Il a une partie souple et une partie rigide. Il fonctionne à l'électricité. On le branche à une prise. Il aspire la poussière. Avant, on utilisait un balai. On pourrait aussi l'utiliser pour aspirer les cauchemars.

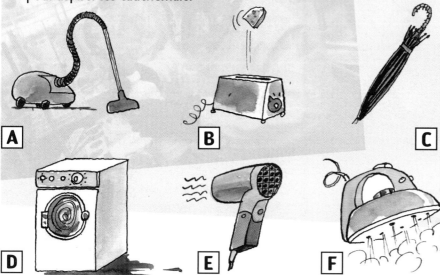

A

B

C

D

E

F

▶ **Taille**
Il fait 10 cm de long.
Il fait 5 cm de large.
Il fait 1 m de haut.
Il est petit.
Il est gros.

Forme
Il est rond.
Il est carré.
Il est rectangulaire.
Il est triangulaire.
Il est ovale.
Il est plat.

Poids
Il est lourd.
Il est léger.

Matière
Il est en bois.
Il est en métal.
Il est en plastique.
Il est en tissu.
Une partie est en …
et une autre en…

Fonction
Ça sert à ouvrir…
On l'utilise pour laver…
Il permet de faire…

b) 🎧 *Écoutez la présentation de ces objets. Notez leur fonction.*

A. Le bâton numérique

B. L'appareil photo numérique

C. La webcam

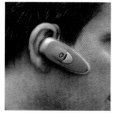

D. L'oreillette Bluetooth

E. L'iPhone

F. La clé USB

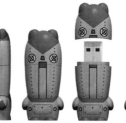

A. Le bâton numérique	B. L'appareil photo numérique	C. La webcam	D. L'oreillette Bluetooth	E. Le iPhone	F. La clé USB
Fonctions					

c) 👄 *Interrogez votre voisin(e). Quel(s) objet(s) a-t-il/elle déjà ? Quel(s) objet(s) rêve-t-il/elle d'avoir ? Lequel lui servira le plus ? Le moins ?*

11] Comment ça marche ?

👄 *Par deux, choisissez une situation et, après l'avoir préparée pendant une dizaine de minutes, jouez-la.*

a) *Situation 1*

Vous allez dans un magasin d'appareils électroniques pour acheter un cadeau à un(e) ami(e).
Vous vous adressez à un vendeur et vous lui demandez des renseignements sur un des appareils.
Choisissez votre rôle.

Vous êtes un client

- **très pressé** ➡ Vous devez retourner à votre travail très vite.
- ou – **de mauvaise humeur** ➡ Vous avez mal dormi et vous n'avez pas d'idée de cadeau.
- ou – **indécis** ➡ Vous hésitez entre plusieurs appareils et vous ne savez pas quel modèle choisir.
- ou – **ignorant** ➡ Vous ne comprenez rien aux explications du vendeur.
- ou – **connaisseur** ➡ Vous en savez plus que le vendeur et vous lui posez des questions difficiles.

Vous êtes un vendeur

- **fatigué** ➡ Vous avez beaucoup travaillé et vous n'avez pas pu vous reposer une minute.
- ou – **énervé** ➡ Vous en avez assez de répéter toujours la même chose.
- ou – **inexpérimenté** ➡ Vous venez juste de commencer ce travail.
- ou – **négatif** ➡ Vous déconseillez tous les objets que veut prendre le client.
- ou – **persuasif** ➡ Vous voulez absolument vendre un modèle que personne ne veut acheter.

b) *Situation 2*

Votre ami vous a prêté son appartement pour un mois. Vous lui téléphonez parce que vous n'arrivez pas à faire fonctionner un de ses appareils très perfectionnés : lecteur de DVD-enregistreur numérique, lave-linge, climatiseur ou chauffage…
Choisissez votre rôle.

Votre ami peut…

- être agacé parce que vous le dérangez, il a un travail à finir.
- être pressé car il a un rendez-vous important.
- vous dire de regarder dans un endroit précis où il a déposé les modes d'emploi.
- vous conseiller d'aller voir la voisine.
- vous expliquer dans tous les détails quand et où il a acheté cet appareil, qu'il en est content avant de répondre à votre demande.

Vous pouvez…

- vous excuser de le déranger pendant ses vacances.
- lui expliquer que vous avez tout essayé mais que rien ne marche.
- lui dire que vous avez appuyé sur un bouton, qu'il ne s'est rien passé et que vous avez peur de faire des bêtises.
- lui avouer que vous détestez tout ce qui est électronique.
- lui préciser que vous avez lu la notice d'emploi mais que vous n'avez rien compris.

Activité CE 10

👁 **Connaissez-vous les règles du savoir-vivre d'aujourd'hui ? Choisissez votre réponse puis échangez.**

1 Vous êtes en cours de français et votre téléphone portable sonne :
- ☐ Vous décrochez et répondez à votre correspondant.
- ☐ Vous éteignez tout de suite votre portable et vous vous excusez.
- ☐ Vous répondez à votre correspondant et vous sortez dans le couloir pour continuer la conversation.

2 Vous enregistrez un message pour votre répondeur ou votre boîte vocale. Vous dites :
- ☐ « Salut, c'est moi. C'est qui ? »
- ☐ « Bonjour, je ne suis pas disponible pour l'instant, laissez un message et je vous rappellerai. Merci. »
- ☐ « C'est moi. À vous ! »

3 Vous décrochez le téléphone sans savoir qui vous appelle et vous dites :
- ☐ « Allô, oui ? Bonjour ! »
- ☐ « Ouais, c'est qui ? »
- ☐ « Encore un appel, qui c'est qui me dérange ? »

4 Vous êtes dans le train. Votre téléphone portable :
- ☐ est allumé parce que vous le laissez toujours allumé.
- ☐ est sur le mode vibreur parce que vous ne voulez pas rater un appel.
- ☐ est éteint parce que vous ne voulez pas déranger les autres.

5 Vous avez composé un mauvais numéro et quelqu'un que vous ne connaissez pas répond.
- ☐ Vous raccrochez sans rien dire.
- ☐ Vous vous excusez et vous raccrochez.
- ☐ Vous vous mettez en colère contre cette personne.

6 Vous écrivez un message électronique à votre professeur, vous le commencez par :
- ☐ Salut, ça va ?
- ☐ Bonjour Monsieur/Madame.
- ☐ Cher professeur.

7 Et vous terminez votre message par :
- ☐ À plus !
- ☐ Cordialement.
- ☐ Gros bisous.

8 Vous conduisez, votre portable sonne.
- ☐ Vous le prenez pour répondre.
- ☐ Vous ne répondez pas.
- ☐ Vous répondez en utilisant votre oreillette Bluetooth.

9 Vous êtes avec un ami dans le bus et vous écoutez de la musique ensemble avec votre lecteur MP3 :
- ☐ Vous mettez la musique très fort.
- ☐ Vous prenez chacun un écouteur.
- ☐ Vous lui chantez la chanson.

10 Vous êtes invité à un mariage mais vous ne pouvez pas y aller :
- ☐ Vous envoyez un SMS.
- ☐ Vous envoyez une lettre.
- ☐ Vous ne faites rien.

Activités CE 8, 7   Tâche FD 3

13] Bienvenue dans la maison du futur

a) 👁 *Lisez ce texte.*

Le projet Living Tomorrow permet aux entrepreneurs innovants de présenter aux visiteurs les produits et les services qui pourront améliorer, dans un avenir proche, la qualité de l'habitat, de la vie et du travail. Après deux sites créés en Belgique, celui d'Amsterdam aura une vie de cinq ans.

Dans la salle de bains, on fait sa toilette en regardant les informations. Il est possible de connaître l'état du trafic automobile, la météo ou les cours de la bourse. Les commandes du miroir sont à reconnaissance vocale et une horloge a été insérée.

Dans la cuisine, un ordinateur garde en mémoire vos courses. Au moment de faire la cuisine, vous choisissez sur l'écran le type de repas que vous souhaitez préparer (italien, français, asiatique...). L'assistant va alors consulter ce qu'il reste dans votre frigo et votre placard, puis vous indiquer le menu que vous pouvez réaliser. L'allumage des plaques de cuisson et du four se fait aussi automatiquement et à la bonne température.

Le réfrigérateur fait les courses à votre place. Il sait parfaitement quel produit est dans votre frigo et vous informe de façon continue du stock. Lorsqu'un produit vient à manquer sur l'une des étagères, il le commande par l'intermédiaire de sa connexion Internet. Son écran est aussi un moyen de communication pour la famille, comme tous les ordinateurs de la maison.

La machine à laver reconnaît les vêtements déposés à l'intérieur. Elle choisit le programme de lavage approprié et utilise juste ce qu'il faut de lessive. Un écran vous informe de toutes les étapes réalisées, du contenu de votre machine et de la durée du cycle.

Dans le salon, une télécommande à écran tactile vous permet de tout contrôler. De l'allumage du feu dans la cheminée à la diffusion de votre disque préféré dans toutes les pièces, tout est pilotable de votre canapé. En un instant, la pièce peut se convertir en salle de cinéma : les stores se baissent, le film est lancé et une bonne odeur de pop-corn flotte dans l'air.

b) 👄 *Parmi toutes ces innovations, laquelle préférez-vous ? Laquelle vous semble inutile ? Pourquoi ?*

c) 👄 *Présentez votre maison du futur.* Activité CE 9

a) 👁 *Lisez et jouez la scène à deux (le père et mamie Sadie)*
puis inversez les rôles.

« Talon va révolutionner la guerre moderne, dit papa.
– Le talent de qui ? demande mamie Sadie.
– Pas le talent : Talon, le nouveau robot guerrier.
– Des robots guerriers ? C'est ça que tu fais, Randall ? Tu fabriques
des robots guerriers ?
– Non, je ne les fabrique pas moi-même mais notre boîte est une des
seules à Silicon Valley à avoir été choisies pour développer certains
aspects de la technologie. La maison mère se trouve sur la côte Est,
dans le Massachusetts ; elle est reliée aux entreprises qui font des
recherches pointues en robotique un peu partout dans le monde : en
Écosse, en Suisse, en France... en Allemagne aussi, tiens !...
– Je ne t'ai pas demandé un organigramme, dit mamie Sadie. Raconte-
moi plutôt en quoi consistent ces Talons.
– Eh bien, franchement, poursuit papa, visiblement enthousiaste,
ils sont assez fantastiques. On dirait qu'ils sortent tout droit de *La
Guerre des étoiles*. Ils ont tous les avantages des êtres humains, sans
les inconvénients.
– À savoir ?
– Eh bien, A : ils ne meurent pas, ce qui veut dire qu'ils ne laissent pas
derrière eux des veuves éplorées et des orphelins [...]
– Je vois.
– B : ils n'ont aucun besoin physique ni psychologique, ce qui réduit
spectaculairement nos dépenses. Plus la peine de les abreuver
constamment de nourriture, de boisson [...]. C : ce sont d'excellents
guerriers : mobiles, précis, impitoyables. Ils sont équipés de caméras, alors
on voit tout ce qu'ils voient ; on peut les diriger avec une télécommande,
leur donner l'ordre de viser et de tirer. D : [...] ils n'ont pas d'amoureuse
qui les attend au pays [...]. En un mot, ils n'ont pas d'émotion. Ni
colère, ni peur, ni pitié, ni remords. Ce qui, naturellement, augmente
leur efficacité comme guerriers. »

Nancy Huston, *Lignes de faille*, Actes Sud.

b) 🎧 *Écoutez l'enregistrement. L'avez-vous lu de la même manière ?*
Notez les différences.

c) 👄 *Que pensez-vous de ce type de robot ? Quel est votre point*
de vue sur le rôle du robot dans la société ? Échangez.

d) *Écoutez et lisez ce texte.*

En comparant Marguerite à un fourneau à gaz, M. Gé s'était montré très approximatif. Elle ressemblait en fait à une cuisinière électrique.

M. Jonas avait utilisé la carcasse du réchaud de l'Atelier. Il l'avait montée sur deux courtes jambes épaisses se terminant par des pieds à roulettes. Ronds et larges comme des pieds de mammouth. De sa surface supérieure, à la place des plaques de cuisson, s'élançaient quatre cous métalliques brillants, longs et souples, surmontés chacun d'une tête de Marguerite.

M. Jonas était un mécanicien génial mais un médiocre artiste. Renonçant à modeler des visages, il avait simplement, avec le plastique dont il disposait, confectionné quatre masses sphériques de la grosseur d'un crâne, qu'il avait peintes en rose, et sur lesquelles il avait ensuite dessiné des yeux, des nez, des bouches et des oreilles, comme en dessinent les petits enfants des toutes petites classes. La pupille de chaque œil droit était un mini-objectif électronique qui donnait à chaque tête une vision indépendante.

M. Jonas avait peint aussi les cheveux, une tête brune, une blonde, une châtain et une rousse. Les quatre visages de Marguerite étaient naïfs et charmants. Ils exprimaient chacun une émotion différente. La blonde rêvait, la brune pleurait, la châtain souriait et la rousse riait, la bouche ouverte jusqu'aux oreilles sur des dents dessinées comme celles d'un râteau.

René Barjavel, *Une rose au paradis*, © Presses de la Cité, 1981.

e) *Chuchotez-le en exagérant l'articulation.*

🎧 Compréhension de l'oral

Chien ou chat ? Écoutez le dialogue et répondez aux questions.

1. La SPA est
   - ☐ la Société Parfaite pour les Animaux.
   - ☐ la Société des Propriétaires d'Animaux.
   - ☐ la Société Protectrice des Animaux.
   - ☐ la Société des Pauvres Animaux.

2. Marie, Bruno et Benoît veulent offrir un animal
   - ☐ au père de Marie.
   - ☐ au père de Bruno.
   - ☐ au grand-père de Marie.
   - ☐ au père de Benoît.

3. Que pensent Bruno et Marie du choix d'un chien ?

4. Que pensent Bruno et Marie du choix d'un chat ?

Week-end d'adoption SPA
7-8 octobre
Donnez-leur une chance !
www.spa.asso.fr
39, bd Berthier - 75847 Paris Cedex 17 - tél. 01 43 80 40 66

👁 Compréhension de l'écrit

a) *Lisez ce texte.*

CONCOURS DE SUPER MAMIE
Marie-Madeleine
une Bretonne Super Mamie de l'année !

Elle a été professeur puis journaliste et elle a un emploi du temps de ministre malgré son âge. Elle a déjà publié plusieurs livres et un roman pour enfants. En plus, elle aime faire son jardin, chanter dans une chorale avec ses amis et s'occuper de ses dix-neuf petits-enfants, quand elle est en Bretagne.

Elle est membre de nombreuses associations bretonnes. Elle est également la «marraine» de nombreux enfants vietnamiens qu'elle aide financièrement pour leur permettre d'avoir une vie meilleure.

Pourquoi a-t-elle participé à cette élection ? Pour dire aux grands-parents que leur rôle est important !

Pendant la soirée de gala au casino de Forges-les-Eaux (Haute-Normandie), Marie-Madeleine a récité devant les spectateurs le poème d'un enfant qui décrit ce qu'est, pour lui, une mamie.

b) *Cochez la bonne réponse et répondez à la question.*

1. Marie-Madeleine est : ☐ une petite fille ☐ une jeune femme
   ☐ une vieille dame

2. Elle a participé à : ☐ une émission de radio
   ☐ à un jeu télévisé ☐ à un concours

3. Elle a été : ☐ enseignante   ☐ ministre   ☐ chanteuse

4. L'élection a eu lieu : ☐ en Bretagne ☐ en Normandie
   ☐ au Vietnam

5. Citez deux occupations de Marie-Madeleine.

✒ Expression écrite

Vous envoyez un courriel à votre ami(e) français(e) pour l'inviter à votre mariage qui aura lieu dans votre pays. Vous lui expliquez comment cela se passera : nombre de personnes, lieu, déroulement traditionnel… N'oubliez pas d'utiliser le futur.

👄 Expression orale

Au choix :

1) *Entretien dirigé*
   Présentez votre famille.

2) *Retour d'enquête*
   Vous avez enquêté sur la famille. Que pouvez-vous dire ? Comparez avec la situation de la famille dans votre pays.

3) *Interaction*
   Vous voulez faire une fête surprise à votre grand-père pour ses quatre-vingts ans. Vous discutez avec votre frère/sœur pour savoir quelles personnes vous allez inviter, où se déroulera la fête, quel cadeau vous lui offrirez et quel plat vous cuisinerez.

BILAN 2

🎧 Compréhension de l'oral

a) *Écoutez le dialogue et cochez la bonne réponse.*

1. Monsieur Pianisi est
   - ☐ chômeur.
   - ☐ employé de l'ANPE.

2. Madame Brun
   - ☐ dirige la société Alimax.
   - ☐ est la secrétaire de la société Alimax.

3. La profession de monsieur Pianisi est :
   - ☐ informaticien.
   - ☐ mécanicien.
   - ☐ chirurgien.
   - ☐ physicien.

b) *Barrez ce qui est faux dans le résumé de la conversation.*

Madame Brun a reçu un CV de monsieur Pianisi. Son CV était intéressant. Ils se sont rencontrés pour un entretien la semaine dernière. L'entretien s'est bien passé. Monsieur Piasini commence son travail la semaine prochaine.

👁 Compréhension de l'écrit

Remettez ce texte dans l'ordre.

1. Enfin, il y a quatre ans, j'ai trouvé un travail de secrétaire de direction à la SPA de Nice.
2. Je suis née en 1974 à Nice, dans le sud-est de la France.
3. Ce travail est vraiment passionnant et je l'adore encore aujourd'hui.
4. J'ai passé mon BEP de secrétaire en 1988 puis un bac général en 92.
5. Je me présente, je m'appelle Laura Duchant, j'ai 32 ans.
6. J'ai commencé à travailler comme secrétaire juste après mon BTS dans une petite entreprise de comptabilité dans la banlieue de Nice.
7. Ensuite, j'ai intégré un BTS de secrétariat de direction que j'ai réussi deux ans plus tard.
8. Trois ans après, je suis partie à Cannes dans une société d'aliments pour chien.

✒ Expression écrite

À partir des informations suivantes, racontez la vie de Ranya Salameh.

> **Ranya Salameh**
> - Née le 8 mai 1978 – Bac en 1996
> - BTS Action commerciale 1998
> - Commerciale chez Carauto de 1998 à 2001
> - Mariage en 2001 – Commerciale à la Poste, section immobilier
> - Naissance de son fils en mars 2003
> - Divorce et chômage en 2004
> - Remariage en 2006

👄 Expression orale

Au choix :

1) **Entretien dirigé**
Vous rencontrez un conseiller de l'ANPE et vous présentez votre parcours (études/travail). Le conseiller vous pose des questions.

2) **Retour d'enquête**
Vous avez rencontré un retraité. Racontez l'histoire de sa vie.

3) **Interaction**
Que souhaitez-vous faire plus tard ? Quel est votre métier préféré ?
Donnez toutes les informations possibles.

🎧 Compréhension de l'oral

Lisez les questions. Écoutez deux fois le document. Cochez la bonne réponse et répondez aux questions.

1. Qui parle ? ☐ Un journaliste ☐ Un acteur
   ☐ Un ami de Philippe Noiret ☐ Un sportif

2. Quel titre est correct ? ☐ *Les Vieux Ripoux* ☐ *Le Vieux fusil*
   ☐ *Ripoux et fusils* ☐ *Alexandre le vieux*

3. Philippe Noiret était :
   ☐ un comédien. ☐ un sportif.
   ☐ un metteur en scène. ☐ un médecin.

4. Depuis combien de temps Jean Rochefort était-il l'ami de Philippe Noiret ?

5. Quel sentiment exprime Jean Rochefort ?

6. Philippe Noiret était très apprécié. Expliquez pourquoi.

👁 Compréhension de l'écrit

a) Lisez le texte.

> **Vous pensez que tous les cimetières se ressemblent et que ce sont des endroits tristes ? Pas du tout !**
>
> En France, on visite le cimetière du Père Lachaise où sont enterrées de nombreuses personnes célèbres comme la chanteuse Édith Piaf, la cantatrice Maria Callas ou le poète Guillaume Apollinaire.
>
> En Belgique, le cimetière du Dieweg est l'un des lieux de promenade les plus insolites et les plus agréables de Bruxelles. Créé en 1866 à la suite d'une grave épidémie qui a fait de nombreuses victimes, il a été utilisé jusqu'en 1958 puis abandonné. Les monuments ont disparu sous les plantes et les arbres. De nos jours, on peut s'y promener, voir de nombreux oiseaux et animaux qui vivent en liberté, sentir les parfums de très nombreuses fleurs. L'ombre des arbres est très romantique et on a l'impression d'être dans une immense forêt qui couvre des ruines antiques.
>
> Des monuments impressionnants abritent les tombes des familles de banquiers, de ministres ou de riches commerçants. On trouve tous les styles : néogothique, néoclassique, Art nouveau, etc. Et si on regarde attentivement, on peut encore lire quelques mots : « éternité », « regrets », « tristesse »…
>
> Depuis la fermeture du cimetière en 1958, quelques enterrements y ont encore lieu, généralement dans des caveaux de familles qui existent déjà ou exceptionnellement par autorisation spéciale. Savez-vous qu'est enterré un très grand auteur de bande dessinée belge… l'auteur de *Tintin*… Hergé !

b) Cochez la bonne réponse.

Le cimetière du Dieweg…	VRAI	FAUX	?
est situé à Bruxelles.			
est très ancien et date de l'Antiquité.			
est un endroit très triste et ennuyeux.			
est encore utilisé pour enterrer quelques personnes.			
était le lieu de promenade préféré d'Hergé.			

✒ Expression écrite

Pour votre anniversaire, des amis vous ont offert un cadeau qui vous a beaucoup surpris(e). Dans votre journal personnel, vous décrivez cette surprise et vous racontez ce que vous avez fait et ce que vous avez dit à ce moment-là. (60 à 80 mots)

👄 Expression orale

Au choix :

1) Entretien dirigé
Racontez un souvenir heureux ou triste.

2) Retour d'enquête
Vous avez apprécié ou détesté un endroit de la ville qui avait une odeur particulière. Racontez.

3) Interaction
Vous voulez acheter un cadeau à un(e) ami(e). Vous demandez conseil à la vendeuse d'une parfumerie. Vous lui expliquez les goûts de votre ami(e) ainsi que les odeurs qu'il/elle apprécie.

🎧 Compréhension de l'oral

Écoutez deux fois le document et répondez aux questions.

1. Quel est le nom de l'ouvrage publié par Yann Arthus-Bertrand qui a eu beaucoup de succès ?
2. Quelle profession Yann Arthus-Bertrand a-t-il exercée dans les années 1960 ?
3. Dans quel pays d'Afrique a-t-il vécu avec sa femme ?
4. Pourquoi a-t-il décidé de photographier la Terre ?
5. Dans quelles villes a-t-il exposé ses photographies en grand format ? **(2 réponses)**
6. Quelles actions peuvent permettre d'économiser l'eau ? **(2 réponses)**
7. Quelles seront, selon les écologistes, les conséquences du réchauffement de la planète en France ? En Afrique ?

👁 Compréhension de l'écrit

Dans un journal, vous avez lu ces phrases. Faites correspondre chaque phrase à une rubrique.

A. Projet de loi contre l'importation illégale des bois tropicaux : les hommes politiques s'expriment.
B. Écotaxe : les entreprises ne pourront pas récupérer et recycler tous les appareils électriques.
C. Les restaurants scolaires se mettent au bio : parents, enfants et enseignants sont très satisfaits.
D. Pluie dans le désert marocain : les concurrents du Rallye Paris-Dakar sont surpris !
E. Les « Gîtes Panda », label du WWF, vous proposent des vacances écologiques dans les parcs naturels.
F. Vous trouverez maintenant dans toutes les grandes surfaces les produits du commerce équitable « Max Havelaar » (café, thé, chocolat…).
G. Le musée en plein air du Sart-Tilman à Liège est un parc où des artistes ont créé leurs statues en fonction de l'environnement.
H. Alors que l'Europe connaît un hiver très doux, les États-Unis subissent des tempêtes de neige très violentes.

consommation	météo
culture	politique
économie	sport
éducation	tourisme

✏ Expression écrite

Vous écrivez à un(e) ami(e) pour le/la persuader de se joindre à vous pour nettoyer une plage ou une forêt couverte de déchets. Vous lui parlez des conséquences de cette pollution et vous lui expliquez pourquoi il/elle doit venir avec vous.

👄 Expression orale

Au choix :

1) ***Entretien dirigé***
Décrivez un paysage naturel que vous aimez.

2) ***Retour d'enquête***
Vous avez fait une enquête sur les actions écologiques des habitants de votre lieu de résidence. Qu'avez-vous appris ? Et vous, que faites-vous pour protéger l'environnement et préserver l'avenir de la planète ?

3) ***Interaction***
Avec un(e) ami(e), vous voulez organiser une randonnée pour fêter la Journée mondiale de l'environnement, célébrée chaque année le 5 juin. Vous discutez de l'organisation de cette sortie : nombre de personnes, choix du lieu et de l'itinéraire, matériel, etc.

🎧 Compréhension de l'oral

a) *Écoutez le dialogue et répondez aux questions.*

1. Quel est le métier de Luka Royal ?
2. Quel est le nom de la société où travaille Luka Royal ?
   ☐ Euromobile   ☐ Hérosmobile

b) *Écoutez encore une fois et répondez aux questions.*

1. Que veulent Zoé et Charlotte ?
2. Que conseille monsieur Royal à Zoé ?
3. Pourquoi Zoé dispose-t-elle d'autant d'argent ?
4. Quel est le prix de l'abonnement proposé à Zoé ?
5. Quelles sont les deux solutions proposées à Charlotte ?
6. Quel est le prix de l'abonnement proposé à Charlotte ?

c) *Reliez les éléments.*

    Zoé •   • accepte l'offre
  Charlotte •   • refuse l'offre

d) *Choisissez le résumé le plus proche du dialogue.*

1. Zoé et Charlotte sont deux amies qui souhaitent acheter des téléphones portables. Elles demandent des conseils au vendeur. Zoé achète un portable mais pas Charlotte.
2. Une mère et sa fille souhaitent acheter des téléphones portables. Elles demandent des conseils au vendeur. Zoé achète un portable mais pas Charlotte.
3. Deux amies souhaitent acheter des téléphones portables. Elles demandent des conseils au vendeur. Zoé achète un portable et Charlotte reviendra l'acheter plus tard.

Compréhension de l'écrit

a) Lisez le texte.

La maison à 50 000 euros !

Cela peut paraître incroyable et, pourtant, c'est bien ce que propose la commune de Ploërmel en Bretagne. Le maire, Paul Anselin, a initié ce programme afin de permettre aux ménages les plus modestes d'accéder à la propriété.

Le terrain est quasiment offert par la ville, cette dernière le cédant pour une somme symbolique. Quant à la maison en elle-même, son coût réduit est rendu possible par le recours à la préfabrication. Ce n'est en effet pas du logement traditionnel au sens strict du terme, mais du préfabriqué. Attention, cela n'a tout de même rien à voir avec les baraques de chantier[1], ce sont de véritables maisons en dur.

Pour le propriétaire, une telle acquisition est rendue possible par un système de location-accession[2]. Ainsi, un ménage emménageant dans un T3 ne paiera que 350 € à 400 € par mois, et deviendra propriétaire de la maison au bout de 15 à 20 ans.

Grosso-modo[3], cela revient au même loyer qu'une HLM[4].

Pour autant, ce ne sont pas des logements au rabais[5]. Tous seront équipés d'une salle d'eau avec douche, d'une cuisine aménagée, de deux chambres, etc.

Bien évidemment, de telles offres ne pouvaient laisser indifférents les acheteurs. Ces derniers présentent des profils très variés (famille avec enfants, sans enfant, retraités, célibataires) et se manifestent de la France entière.

Tous ne pourront pas être satisfaits. En premier lieu, car il n'y a que 22 logements prévus pour le moment à Ploërmel, ensuite parce qu'il y a quelques conditions à remplir. En effet, la mairie demande aux candidats d'avoir des revenus leur permettant d'être éligibles au prêt à taux zéro[6], c'est-à-dire ne pas gagner plus de deux SMIC. De plus, il leur est demandé d'avoir de fortes attaches familiales ou professionnelles avec Ploërmel.

Bref, il n'y en aura pas pour tout le monde, du moins dans l'immédiat. Si, vous aussi, vous avez été alléché[7] par ces maisons à prix cassé, ne vous précipitez pas tout de suite en Bretagne. Patientez encore un peu, la construction de 1 500 maisons à 50 000 € est prévue dans toute la France d'ici deux ans.

Arrondir ses fins de mois n° 23, janvier-février 2007

1. maisons provisoires installées pour la durée de certains chantiers. – 2. un loyer qui permet de devenir propriétaire au bout d'un certain nombre de versements. – 3. à peu près. – 4. habitation à loyer modéré. – 5. des logements de mauvaise qualité à petit prix. – 6. pouvoir obtenir un prêt à la banque qui ne coûte rien. – 7. attiré.

b) Répondez aux questions.

| De quelle offre s'agit-il ? |
| Où est-elle proposée ? |
| Combien cela coûtera-t-il ? |
| À qui s'adressera l'offre ? |
| Pourquoi n'est-ce pas cher ? |
| Combien de logements sont prévus ? |
| Pour qui seront les premiers logements ? |

Expression écrite

Imaginez les avantages et les inconvénients de cette hypothèse (en 10 lignes environ): « Si la publicité était interdite dans le monde entier... »

Expression orale

Au choix :

1) Entretien dirigé

Vous allez chez un ami. Vous essayez de le convaincre de vous prêter de l'argent. Votre ami n'est pas très favorable à ce prêt. Imaginez le dialogue.

2) Retour d'enquête

Vous avez rencontré un(e) étudiant(e) et discuté avec lui/elle de l'argent et de ses dépenses. Faites un portrait précis de cette personne et de ses habitudes de consommation.

3) Interaction

« La mode est une spécialité française. »
Êtes-vous d'accord avec cette affirmation ?
Utilisez des exemples pour justifier votre opinion.
Donnez toutes les informations possibles.

BILAN **6** – DELF A2

🎧 Compréhension de l'oral

Vous allez entendre trois documents. Pour chaque document, vous lirez d'abord le questionnaire, puis vous entendrez une première fois le document. Vous aurez trente secondes pour répondre puis vous entendrez une deuxième fois le document et vous aurez encore trente secondes pour compléter vos réponses.

Document 1

1. Le secrétariat est ouvert toute la journée de 8 heures à 19 heures.

   ☐ Vrai   ☐ Faux   ☐ On ne sait pas

2. Une personne a mal aux dents et veut prendre un rendez-vous. Que doit-elle faire ?

   ☐ Elle tape sur la touche 1.   ☐ Elle tape sur la touche 2.
   ☐ Elle tape sur la touche 3.   ☐ Elle appelle le 15.

3. Ce document est :

   ☐ un message sur un répondeur téléphonique.
   ☐ un message publicitaire.
   ☐ un extrait d'émission de radio.
   ☐ un message amical.

Document 2

1. Le docteur Garance est une femme.

   ☐ Vrai   ☐ Faux   ☐ On ne sait pas

2. Le lundi, à quelle heure est le rendez-vous proposé ?

3. Qui a conseillé à Aline Robert d'aller voir le docteur Garance ?

   ☐ Un ami   ☐ Sa famille
   ☐ Un collègue de travail   ☐ Personne

4. Quel est le numéro de téléphone d'Aline Robert ?

Document 3

1. La femme doit se rendre :

   ☐ rue des Mouettes   ☐ rue des Alouettes
   ☐ rue des Girouettes   ☐ rue des Fêtes

2. Quel appareil l'homme utilise-t-il ?

3. Quel est le métier de l'homme ?

4. Depuis combien de temps pratique-t-il ce métier ?

   ☐ 2 ans   ☐ 10 ans   ☐ 12 ans   ☐ 24 ans

5. Ces deux personnes se trouvent :

   ☐ dans une voiture.   ☐ dans un train.
   ☐ dans un bus.   ☐ dans un tram.

6. Combien la femme doit-elle payer ?

   ☐ 2 euros   ☐ 10 euros   ☐ 12 euros   ☐ 24 euros

👁 Compréhension des écrits

Exercice 1

À quel objet font référence les phrases suivantes ?

1. Souriez !
2. Change de chaîne !
3. Vous pouvez me laisser un message, je vous rappellerai dès mon retour.
4. Tournez à gauche.
5. La visite est terminée.
6. C'est plus joli sur le papier que sur l'écran !
7. Tiens ! Écoute !
8. Tu appuies sur « Ctrl C » pour copier un fichier.

Imprimante	GPS
Ordinateur	MP3
Télévision	Audioguide
Appareil photo	Téléphone-répondeur

Exercice 2

a) *Lisez le texte, puis répondez aux questions.*

**IPHONE OU LE PORTABLE PAR APPLE :
UNE PETITE MERVEILLE DE TECHNOLOGIE**

L'iPhone est le premier téléphone d'Apple, l'entreprise qui a créé l'ordinateur Mac et le baladeur numérique iPod. C'est une véritable petite merveille de technologie. Il est beau, design mais il coûte cher (**400 euros**).

C'est un portable multifonctions qui est aussi un baladeur MP3, un appareil photo et un navigateur Internet. Il est équipé d'un écran où l'on peut pianoter avec le doigt et consulter n'importe quel site Internet. Contrairement aux autres téléphones qui ont accès au Web, les pages s'affichent comme sur un écran d'ordinateur.

Comme les iPods (70 millions d'exemplaires ont été vendus en cinq ans), les **iPhones** se synchronisent automatiquement avec le logiciel iTunes pour télécharger de la musique, des vidéos ou des photos. Quadribande, wifi et Bluetooth, l'**iPhone** possède un répondeur visuel et permet aussi de tenir des conférences téléphoniques.

---

1. Ce texte est :
   - ☐ un rapport scientifique.
   - ☐ une publicité.
   - ☐ un article de presse.
   - ☐ un message amical.
2. L'iPhone est :
   - ☐ le nouveau téléphone d'Apple.
   - ☐ le seul téléphone d'Apple.
   - ☐ un des téléphones d'Apple.
   - ☐ le premier ordinateur d'Apple.

b) Vrai ou faux ? Justifiez votre réponse en citant un extrait du texte.

	Vrai	Faux
a. Apple n'est pas spécialisé dans les nouvelles technologies. Justification :	☐	☐
b. Avec ce portable, on peut écouter de la musique, prendre des photos et se connecter à Internet. Justification :	☐	☐
c. On doit taper sur son écran avec un stylo spécial. Justification :	☐	☐
d. 70 millions d'iPhones ont déjà été vendus. Justification :	☐	☐
e. On peut télécharger des fichiers et des documents avec l'iPhone. Justification :	☐	☐

Exercice 3
Vous venez de recevoir ce message. Répondez aux questions.

```
● ● ●

Envoyer    Répondre à tous   Discussion   Joindre   Polices   Couleurs   Adresse

        De :  commercial@globetrotterbranche.com
≡▼    Objet :  globe trotter branché

Vous êtes un globe-trotter branché mais nul
en langues !
Envolez-vous avec notre PlayStation portable
(PSP) et le jeu Volubile. Son héros, Pipelette
l'oiseau, a oublié d'être bête ! Il parle cinq
langues : le français, l'allemand, l'italien,
l'espagnol et le japonais. Il connaît des milliers
d'expressions types qu'il peut répéter à tout
moment lorsque vous êtes perdu à l'aéroport,
aux urgences, dans les restaurants, en boîte
de nuit, en pleine séance de shopping… Mieux, le
micro fourni vous permet d'enregistrer des phrases
que Pipelette reconnaîtra immédiatement et
s'empressera de traduire.
Alors, venez dès maintenant sur notre site www.
globetrotterbranche.com pour plus d'informations.
Et, jusqu'au 31 octobre, vous bénéficierez d'une
réduction de 15% sur le jeu Volubile.
Prix : 50 €. Disponible sur la plupart des sites
de commerce en ligne.
```

1. www.globetrotterbranche.com est le site Internet :
   - ☐ d'une agence de voyages
   - ☐ d'un spécialiste informatique
   - ☐ d'un centre d'apprentissage de langues
   - ☐ d'une librairie
2. Pipelette vous propose des informations sur le pays que vous voulez visiter.
   - ☐ Vrai   ☐ Faux

   Justifiez votre réponse en citant une phrase du texte : ....
3. Si vous allez sur le site www.globetrotterbranche.com, quel avantage pourrez-vous obtenir ? ....

🖊 Production écrite

Exercice 1
Vous avez fait une grande fête pour votre anniversaire. Sur votre blog, vous racontez cette soirée (60 à 80 mots).

Exercice 2
Vous répondez au courriel de Sophie. Vous la remerciez mais vous ne pouvez pas accepter sa proposition. Vous expliquez pourquoi et vous lui proposez une autre date (60 à 80 mots).

```
Répondre à tous   Discussion   Joindre   Polices   Couleurs   Adresses   Enr. bro

    De :  sophiep@gmail.com
  Objet :  Ordinateur

Salut,
Tu sais que j'ai besoin d'un ordinateur portable.
Comme tu t'y connais en informatique, j'ai pensé
que tu pourrais m'aider à en choisir un. Mercredi
prochain, c'est le premier jour des soldes. On peut
se retrouver place Victor Hugo vers 12 h 30 et je
t'invite à manger avant d'aller au magasin !
J'espère que tu pourras venir. J'attends ta réponse.
Bises
                                        Sophie
```

👄 Production orale

Au choix :

1) Entretien dirigé
Présentez-vous. Dans votre quotidien, quelles sont les nouvelles technologies que vous utilisez ?

2) Monologue suivi
Parlez d'un objet qui vous est indispensable. Décrivez-le. Dites pourquoi il est indispensable pour vous.

3) Exercice en interaction
Vous voulez acheter un ordinateur portable. Vous discutez avec votre père/votre mère : vous lui expliquez pourquoi vous avez besoin d'un ordinateur portable. Vous lui demandez s'il/elle est d'accord pour vous aider à l'acheter.

Tableau des contenus

Unités	Communication orale/écrite	Outils Linguistiques			Cultures
		Grammaire	**Vocabulaire**	**Phonétique/ graphie**	
À la découverte **du groupe** Page 6	■ Se présenter ■ Dire ce que l'on aime ■ Parler de ses centres d'intérêt	■ La phrase, interrogative, affirmative, négative au présent	■ La vie quotidienne	■ L'intonation des différents types de phrases	■ La France et la francophonie
Unité **1** À la découverte **de la famille** Page 8	■ Parler de la famille ■ Exprimer son opinion et ses goûts ■ Parler de ses rêves ■ Parler de son avenir ■ Faire des projets ■ Demander de l'aide	■ Le futur simple ■ Les pronoms relatifs ■ La mise en relief ■ Les pronoms démonstratifs	■ Les types de famille ■ Les expressions de l'opinion ■ Les différentes générations	■ L'intonation expressive (1) ■ Les consonnes [ʃ]/[ʒ]	■ L'évolution de la famille ■ Le PACS ■ Les vacances ■ L'origine des noms de famille ■ Les animaux domestiques
Unité **2** À la découverte **des études et du travail** Page 22	■ Parler de ses études, de sa formation ■ Raconter son parcours de vie ■ Discuter de son travail ■ Lire une petite annonce ■ Rédiger une offre d'emploi	■ Les noms de métier au masculin et au féminin ■ Le passé composé ■ L'imparfait ■ Les accords du participe passé ■ L'expression du temps	■ Les professions ■ L'emploi ■ Les chiffres de 100 à un milliard ■ Les études	■ Les voyelles [ø]/[œ] [e]/[ɛ]	■ Les nouvelles formations ■ Les petits boulots ■ Le temps de travail ■ Les salaires ■ Les congés en Europe ■ La discrimination dans le monde du travail ■ L'ANPE ■ La fracture sociale
Unité **3** À la découverte **des sentiments** Page 36	■ Exprimer des souhaits, des sentiments et des sensations ■ Exprimer l'obligation ■ Se disputer ■ Nuancer ses propos ■ Écrire une lettre	■ Le subjonctif présent ■ La place de l'adjectif ■ Le pronom *en* ■ Les adverbes	■ Les sentiments et les sensations ■ Les cinq sens ■ La correspondance amicale	■ L'intonation expressive (2) ■ Les deux « h » en français ■ Les consonnes [k]/[g]	■ La gestuelle ■ Les phobies ■ Le week-end du bruit ■ La semaine du goût